首都体育学院◎编著

百年奥运徽章史

夏奥篇

中国出版集团
研究出版社

图书在版编目（CIP）数据

百年奥运徽章史．夏奥篇 / 首都体育学院编著．-- 北京：研究出版社，2021.10

ISBN 978-7-5199-1086-0

Ⅰ．①百… Ⅱ．①首… Ⅲ．①夏季奥运会－徽章－历史 Ⅳ．① G811.21

中国版本图书馆 CIP 数据核字 (2021) 第 218804 号

出 品 人：赵卜慧

责任编辑：张立明

百年奥运徽章史——夏奥篇

作　　者　首都体育学院

出版发行　研究出版社

地　　址　北京市朝阳区安定门外安华里 504 号 A 座（100011）

电　　话　010-64217619　　64217612（发行中心）

网　　址　www.yanjiuchubanshe.com

经　　销　新华书店

印　　刷　河北赛文印刷有限公司

版　　次　2021 年 10 月第 1 版　2021 年 10 月第 1 次印刷

开　　本　700 毫米 ×1000 毫米　1/16

印　　张　11.75

字　　数　183 千字

书　　号　ISBN 978-7-5199-1086-0

定　　价　68.00 元

序

在当今世界，和平与发展已成为人们共同的期盼。而体育运动是全人类共通的语言，通过团结和公平的体育运动来连接世界、消除歧视、加深各国人民之间的相互了解，从而建立一个更加和平美好的世界，这就是奥林匹克运动的宗旨。奥林匹克运动最早起源于古希腊，有着悠久的历史。现代奥林匹克运动会自 1896 年复兴开始，历经了百年沧桑，经历了最初 20 年的艰难探索，在两次世界大战时期方具形态，后又在世界政治格局的“冷战”中发展与危机并存，最终在 20 世纪 80 年代的改革与创新后真正迎来它的辉煌时代。如今，在奥运精神的引导下，四年一度的奥林匹克运动会庆典已然成为维护世界和平、增进国际友谊的重要国际活动之一，吸引了全球 200 多个国家和地区的积极参与。

体育的命运同样是国家命运的真实写照。120 多年来，中国的国际地位已发生了翻天覆地的改变，从故步自封的封建帝国，到被迫开放、被列强奴役，直到中国共产党带领人民浴血革命，建立了自立自强的新中国，并在改革开放中迎接中华民族的伟大复兴……伴随着国家的强盛，中国对于现代奥林匹克运动，也经历了从懵懂无知，到警醒与关注，再到自主参与、积极推动奥林匹克运动的新发展。中国于 1932 年第一次参加奥运会，于 1984 年重返奥运大家庭，并于 2008 年在首都北京成功举办第29届夏季奥运会，于2015年成功获得2022年冬季奥林匹克运动会主办权，这一个个里程碑标志着中国正日益成为世界范围内的体育大国、体育强国。

为胜利者颁发奥运奖牌是现代奥运会最为人熟知的特点之一，除此之外，每届奥运会还会向参加者颁发一枚奥运参与奖章。这个传统起源于1896年第一届夏季奥运会，并被之后的每一届奥运会传承下来，从未间断。回顾历届奥运会，那一枚枚闪光的奖牌和纪念奖章背后，总是连接着一幕幕精彩纷呈却又惊心动魄的赛场瞬间，无数创造奇迹的奥运英雄，还有诸多妙趣横生的幕后逸事。每一块小小的奖牌上所承载的奥林匹克记忆，也不会随着历史而湮灭，即使在经历时光的洗礼后，仍然能够引发人们的回味和思考，向人们传承着这样一种精神：参与奥运会，不仅是为了争夺荣耀，更是为了传承奥林匹克精神、追求和平、弘扬奥运文化，维护人类社会的和谐与进步。

本书资料来源于首都体育学院奥林匹克教育博物馆中的奥运徽章档案，以历史奥运奖牌和奥运参与奖奖章的介绍为主线，向读者生动地展现了现代奥运会的发展历程，分享每一届奥运会的背景知识与精彩瞬间，以及中国对奥运会的关注与参与、冲突与交融、共同成长与辉煌的历史脉络，是一本集知识性、趣味性于一体的奥运读物。

首都体育学院党委书记

2021年5月

目录

第 2 篇

“二战”后夏季奥林匹克运动会的复苏

第3篇

迈向成熟

第4篇

曲折发展

第5篇

重新崛起

第6篇

走向辉煌

奥运奖牌与奥运参与奖章

【奥运奖牌】

奥运奖牌是国际奥委会为了表彰在历届奥运会中表现出色的运动员而颁发的一种最高荣誉，是运动员在奥运会上表现出色的标志。奥运会的奖牌和奖状由每一届奥运会的组委会提供，但所有权属于国际奥委会，并由国际奥委会向获胜运动员颁发。根据比赛项目和参加人员性质的不同，奖牌和奖状的颁发也有不同的规定。在个人比赛项目中，第一名的奖品为银质镀金奖牌和奖状，第二名为银质奖牌和奖状，第三名为铜质奖牌和奖状。对团体比赛的运动大项和其他运动大项中团体比赛的运动小项，冠军队的队员每人都被授予一枚奖牌和奖状，获第二名的团体的每位队员被授予银质奖牌和奖状，获第三名的团体的每位队员被授予铜质奖牌和奖状。2003年7月2日，在布拉格发布的新奖牌设计方案，使希腊的特色在奖牌正反面上得以更突出地显示，更加鲜明地反映了奥运会在希腊的起源和复苏。国际奥委会还决定，今后奥运会无论在哪里举行，奖牌都以希腊文标明。

【奥运参与奖章】

为使更多的人热爱奥林匹克运动，弘扬奥林匹克精神，每届奥运会的组委会还要制作奥林匹克运动会参与奖章，发给参加奥运会比赛的每一位运动员、教练员，以及裁判员和工作人员留作纪念，是该届奥运会最有代表性的纪念品。奥运参与奖章一般为铜质、圆形，没有固定图案，正面一般为该届奥运会会徽、举办城市的象征图案，并有届次、举办地和时间等文字。根据《奥林匹克宪章》的规定，正式的奥运参与奖章由奥运会组委会向国际奥委会提供，颁发给下列人员：全体运动员、运动队的官员和其他工作人员，国际奥委会委员和出席奥运会的、被国际奥委会承认的国际单项体育联合会的主席、秘书长，各个国家或地区奥委会的同类官员，以及在国际奥委会规定的名额内由有关国际单项体育联合会正式任命的裁判员、计时员、检查员、司线员等。

首都体育学院与奥林匹克运动

首都体育学院创建于1956年，原名北京体育学校，1960年改建为北京体育师范学院，2000年更为现名。作为市属唯一一所高等体育院校，首都体育学院承担着光荣的时代使命和行业责任。学校充分发挥“国际奥林匹克教育研究推广的国家队”“体育强国战略和健康中国战略实施的主力军”“体育科技创新的排头兵”作用，把准高质量发展的“方向盘”，全力拉动高质量发展的“主引擎”，努力凝聚高质量发展的“原动力”，正在创建符合自身定位、具有中国特色的世界一流体育大学。

首都体育学院着力打造奥林匹克教育“金色名片”，持续推动北京市中小学奥林匹克教育。首都体育学院拥有奥林匹克研究中心和教育执行团队，致力于在中国的中小学校开展奥林匹克教育活动。2008年首都体育学院被北京奥组委授予“奥林匹克教育突出贡献奖”。首都体育学院的奥林匹克教育活动被时任国际奥委会主席罗格先生赞誉为“北京奥运会还没有开幕，北京就赢得了奥林匹克教育的第一块金牌”。学校奥林匹克教育团队始终活跃在北京大中小学和社区，致力于奥林匹克精神传播，探索奥林匹克教育北京模式。2017年起，改扩建全球首个奥林匹克教育博物馆和2008年北京奥运图书馆复原室，建成全国首个装配式气膜滑冰馆，推进冬奥驿站建设，打造一体化的奥林匹克教育和冰雪运动普及推广基地。2018年，北京市中小学奥林匹克教育工作小组办公室秘书处落户学校，学校积极承担奥林匹克教育普及责任，开设奥林匹克教育系列课程，研发教材和读本30余册，面向北京市16个区中小学，开展师资培训千余场，推进北京200所奥林匹克教育示范校和100所冰雪示范校开展奥林匹克教育宣讲、冬奥知识竞赛、冰雪嘉年华及冬令营近千次，受众近11万人。在北京市乃至全国形成以首都体育学院为主的全国性奥林匹克教育和冰雪进校园培训中心、研究中心和服务中心。

2018年9月，北京市政府正式向中国奥委会提出申请，依托首都体育学院建设“北京国际奥林匹克学院”。2020年2月，国际奥委会同意“北京国际奥林匹克学院”的命名，并正式将“北京国际奥林匹克学院”列入国际奥林匹克研究机构名录。“北京国际奥林匹克学院”是世界上第三所由国家政府决定成立的国际奥林匹克学院，已被列为北京2022年冬奥会重点遗产计划项目。首都体育学院主动担当北京双奥遗产继承特有重任，以积极筹建北京国际奥林匹克学院为契机，明确提出中华体育精神和奥林匹克精神融合发展的世界一流体育大学建设目标，在北京市延庆区规划建设新校区，为持续传承奥运遗产和文化、弘扬奥林匹克精神贡献中国智慧、中国方案。

首都体育学院培育有高水平奥运科技攻关服务团队，长期扎根竞技体育一线，研发运动训练及康复关键技术，为30余个国家队项目实施科学化训练与竞赛保障。先后助力国家队获得世锦赛和奥运冠军60项、亚军27项，东京奥运周期，已累计服务保障运动员近40000人次，有5个团队的50多名师生常驻国家队开展田径、射击、自由式滑雪、钢架雪车等15个运动项目的科技攻关服务。

首都体育学院与国际奥委会、国际雪联、萨马兰奇基金会等国际体育组织和奥林匹克教育研究机构建立联系，积极开展国际层面交流合作。首都体育学院发挥学校作为北京冬奥组委培训基地的平台优势，全面承接冬奥专业志愿者、各项目技术官员等冬奥会所需各类人才的培训工作。与奥林匹克转播服务公司（OBS）合作，联合开展北京2022年冬奥会转播培训、实训平台建设。获国际奥林匹克教育最高荣誉维凯拉斯奖的裴东光教授，领衔编写的《奥林匹克读本》已纳入北京冬奥组委通用培训教材。主持国家社科基金重大委托项目——冬奥遗产战略研究，主持国家重点研发计划《冰雪运动推广普及关键技术产品研发及示范》项目，与北控集团在2022年北京冬奥会比赛场地国家高山滑雪中心和国家雪车雪橇中心建立体育科研与人才培养实训基地，助力“科技冬奥计划”实施。

首都体育学院（北京国际奥林匹克学院）将持续汲取中国优秀传统文化精髓，与奥林匹克精神融合辉映，积极承接奥林匹克教育推广、项目培训、人才培养等重要任务，全面开展科技助力冬奥和科技推动冰雪运动发展工作、积极谋划建设国际奥林匹克驿站、启动国际奥林匹克教育示范区建设等，在促进奥林匹克文化传播，促进奥林匹克运动在全球推广，进一步激发奥林匹克文化的大繁荣、大发展方面做出积极努力，为奥林匹克教育非物质文化遗产的传承保护奠定坚实基础，为国际奥林匹克事业做出更大贡献！

首都体育学院奥林匹克教育博物馆

在 1894 年国际奥委会成立之际，现代奥林匹克运动之父顾拜旦就指出："奥林匹克运动的核心价值是教育。"正像奥林匹克宪章中对奥林匹克主义定义的那样："奥林匹克主义是将身、心和精神方面的各种品质均衡地结合起来，并使之得到提高的一种人生哲学。"它将体育运动与文化和教育融为一体。奥林匹克主义是要建立以奋斗为乐的生活方式、树立优秀榜样的教育价值和尊重一般伦理和基本原则的行为准则。

为了达成教育与体育的有机融合，为了宣扬北京申办奥运，为了让大众了解奥运——首都体育学院奥林匹克教育博物馆应运而生。博物馆始建于 2008 年 8 月，2016 年改建，2017 年 11 月 21 日试开放。试开放以来，首都体育学院博物馆得到校内外、社会各界的广泛关注，接待来自不同国家、地区的来宾、专家、运动员以及校内外师生近万人次。

首都体育学院奥林匹克教育博物馆坚持以"教育"为核心，主要功能为：一是学生学习奥林匹克知识的园地；二是体验体育精神和传播体育文化的课堂。博物馆的目标是为培养一代懂体育、爱体育，身心健康的青少年做出贡献。目前馆藏、展品近千件，为观众提供奥林匹克知识教育、赏析教育和体验教育。博物馆已成为持续开展奥林匹克教育的基地和向世界展示中国开展奥林匹克教育成果的窗口。接下来，首都体育学院奥林匹克教育博物馆将以饱满的热情迎接北京 2022 年冬奥会的到来，让更多的人感受体育的魅力和奥林匹克的含义。

2008 年 8 月初建时的首都体育学院奥林匹克教育博物馆

2017 年 11 月改建后的首都体育学院奥林匹克教育博物馆

第1篇

早期的奥林匹克运动会

19世纪末，横扫全球的工业革命在给社会带来巨大进步的同时，也将一种新兴的国际文化形态——奥林匹克运动带到了人们面前。1896年4月，首届夏季奥运会举办。在以顾拜旦为首的国际奥委会不遗余力的努力下，新兴的奥林匹克运动开始了艰难的探索。这一时期举办的5届奥运会（第1届夏季奥运会至第5届夏季奥运会），游戏成分较多，可谓“游戏的盛会”，这是现代奥运会史上第一个极具特色的历史时期。

第 1 届夏季奥林匹克运动会

——希腊·雅典·1896

会　　期： 1896 年 4 月 6 日—4 月 15 日

主办城市： 希腊（Greece）·雅典（Athens）

参加国家和地区： 14 个

竞赛项目： 43 项

1896 年雅典奥运会是继古代奥运会后举办的第 1 届现代奥林匹克运动会。本届奥运会于 4 月举行，这是历届奥运会中举行月份最早的一次，出席开幕式的观众达到 8 万人，这一数字直到第 10 届奥运会才被突破。本届奥运会共有 14 个国家和地区参加比赛。当时的中国清政府曾接到国际奥委会的邀请，但未派代表参加。本届奥运会共产生了 122 枚奖牌，最终美国依靠田径项目的优势以 11 枚金牌、7 枚银牌和 2 枚铜牌的成绩登顶本届盛会，东道主希腊次之，德国名列第三。从本届奥运会开始，规定颁奖时要升起获奖运动员所属国家的国旗并演奏该国国歌。

1896 年第 1 届夏季奥运会奖牌榜

名次	国家或地区	冠军	亚军	第三名
1	美国	11	7	2
2	希腊	10	18	19
3	德国	6	5	2
4	法国	5	4	2
5	英国	2	3	2
6	匈牙利	2	1	3
7	奥地利	2	1	2
8	澳大利亚	2	–	–
9	丹麦	1	2	3

续表

名次	国家或地区	冠军	亚军	第三名
10	瑞士	1	2	–
11	联合体	1	–	1

*数据来源于https://olympics.com/en/olympic-games/athens-1896/medals（2021-5-8）

【奥运奖牌】

当时奥运会对奖牌的质量成分、规格大小和图案设计都没有严格的规定。1896 年雅典奥运会奖牌的正面是众神之父宙斯的头像，他手上托着一个地球，地球上面站着手持橄榄枝的胜利女神尼克，奖牌左边写有希腊文“奥林匹亚”。奖牌的背面是雅典卫城，上面呈半圆形排列的文字和底部的两行文字都是希腊文，意思是“雅典国际奥林匹克运动会·1896 年”。这些元素组合在一起，突出了古奥运会“争胜、和平、友谊”的思想。这款简单但极富雅典特色的奖牌也成为奥运奖牌的鼻祖。奖牌由镀金白银、黄铜模压制而成，直径为 50mm。

【参与奖章】

1896 年雅典奥运会参与奖章正面为胜利女神坐在火凤凰背上，左手持权杖，右手拿着由橄榄枝编成的胜利者头冠。参与奖章背面有五行希腊文字，最下面有“1896”的字样。参与奖章由黄铜模压制而成，直径约为 50mm。

【奥运记忆】

★没有金牌的奥运冠军

在 1896 年雅典奥运会闭幕式上，希腊国王乔治一世向获奖运动员颁发了奖牌。当时国际奥委会尚属初创时期，对奖牌质量的成分、规格大小和图案设计等，都无严格的规定。在颁发奖牌时，冠军并不设金牌，只有银牌及铜牌，原因据说是希腊人认为金子往往与赌博联想在一起，认为颁发金牌有违古代奥林匹克运动的传统与精神。在这届奥运会上，冠军得到一张奖状、一枚银牌和一个橄榄花环，亚军得到一张奖状、一枚铜牌和一个月桂花环，第三名则是只有一枚铜牌。但是，国际奥委会为了统计上的方便，在计算这届奥运会奖牌时，仍按金、银、铜三类计算。

★世界上第一个现代奥运会冠军

在 1896 年雅典奥运会上，美国哈佛大学一年级学生詹姆斯·康诺利在开幕式当日（4 月 6 日）的三级跳远赛中以 13.71 米获得第一名，成为现代奥运会的第一个冠军。他获胜后，运动场奏起了美国国歌，升起了美国国旗。此后这就成了奥运会的传统发奖仪式。需要指出的是，当时的奥运奖牌还没有绳子，只能拿在手中，可以挂在脖子上的奖牌直到 1960 年罗马奥运会上才出现。

★中国近代史上的第一个体育运动会

在奥林匹克传入中国之前，中国即有召开体育运动会的先例。1890 年 5 月，圣约翰大学召开学校田径运动会，被公认为是中国近代史上的第一个体育运动会。建于 1879 年的圣约翰大学，是美国圣公会在上海创办的一所教会大学，有“江南第一教会高等学府”之称。

★中国与首届奥运会“擦肩而过”

1895 年，现代奥林匹克运动与国际奥林匹克委员会的发起人顾拜旦曾致函清廷李鸿章，劝说中国参加首届奥运会；雅典奥运会筹备委员会亦于当年 8 月 16 日通过各国大使馆向中国转发了邀请书。但当时清廷内忧外患，不知奥运会为何物，未予理睬，没有组团或派人参加，中国与首届奥运会“擦肩而过”。

★篮球运动传入中国

在 1896 年雅典奥运会举办前后，现代奥林匹克运动开始传入中国。1895 年 9 月，美国人来会理博士受北美青年会的派遣来中国天津筹建城市青年会，同年 12 月 8 日天津中华基督教青年会在医学堂成立。会前与会后都表演了篮球游戏。1896 年 1 月 11 日，天津中华基督教青年会举行了较为正式的篮球表演。

第2届夏季奥林匹克运动会

——法国·巴黎·1900

会　　期： 1900年5月14日—10月28日

主办城市： 法国（France）·巴黎（Paris）

参加国家和地区： 24个

参赛运动员： 997人，其中女性22人

竞赛项目： 95项

第2届夏季奥运会与1900年正在巴黎举行的世界工业博览会被安排在同时举行，这就导致观众甚至是运动员只是博览会展览活动的娱乐表演。大会组织者将比赛场地按照博览会的工业类别分在16个地区进行，导致比赛日程松散，整个赛事持续了5个月之久，史称“马拉松式的运动会”。由于主办方重视不够，这届奥运会没有举行开幕式和闭幕式。从这届奥运会开始，女性正式走进了奥林匹克大家庭，参加了表演项目的比赛，突破了奥运会比赛项目禁止女性参加的传统。在本届奥运会上共产生了284枚奖牌，东道主法国队以27枚金牌、38枚银牌登顶奖牌榜，美国队次之。美国队获得了24个田径比赛项目中的17项冠军，并从此成为世界田径第一强国。

1900年第2届夏季奥运会奖牌榜

名次	国家或地区	金牌	银牌	铜牌
1	法国	27	38	37
2	美国	19	14	15
3	英国	15	8	9
4	联合体	8	5	6
5	比利时	6	7	4
6	瑞士	6	2	1

续表

名次	国家或地区	金牌	银牌	铜牌
7	德国	4	3	2
8	意大利	3	2	–
9	澳大利亚	2	–	3
10	丹麦	1	3	2
11	匈牙利	1	2	2
12	古巴	1	1	–
13	加拿大	1	–	1
14	西班牙	1	–	–
15	卢森堡	1	–	–
16	奥地利	–	3	3
17	荷兰	–	2	3
18	挪威	–	2	3
19	印度	–	2	–
20	波西米亚	–	1	1
21	瑞典	–	–	1

*数据来源于https://olympics.com/en/olympic-games/paris-1900/medals（2021-5-8）

【奥运奖牌】

1900年巴黎奥运会共有两种奖牌。一种奖牌是长方形，这种奖牌不是专门为奥运会制作的，奖牌上面有法文“CHAMPIONNAT DE GYMNSTIOQUE”（体操冠军）。另一种奖牌上面标有“EXERCISES PHYSIQUES ET SPORTS”

（体育锻炼和运动）的字样，奖牌的正面是展翅飞翔在体育场上空的胜利女神，上面的文字是“REPUBLIQUE FRANCASE”（法兰西共和国），左边是“PARIS 1900”（巴黎，1900 年），右边是“EXPOSITION UNIVERSELLE”（世界博览会）；背面是在运动场的背景下一个挥舞着橄榄枝、站在领奖台上的胜利者形象，其中领奖台上写着“EXERCICES PHYSIQUES ET SPORTS”。奖牌规格为60mm × 42mm。

【参与奖章】

1900 年巴黎奥运会奖章正面为女神头像，背景为巴黎市景。背面为举着火炬的胜利者坐在飞翔天使的翅膀上，并刻有奖章获得者的名字。参与奖章用青铜铸造，奖章直径约6.3cm。

【奥运记忆】

★长方形的奥运奖牌

1900 年巴黎奥运会是夏季奥运会有史以来第一次，也是唯一一次给获胜运动员颁发长方形的奖牌。由于前期筹备工作混乱，无论是在颁奖典礼上颁发的奖牌还是纪念章上，都没有任何与奥林匹克运动会相关的字眼。颁发给体操冠军的奖牌上刻有法文“CHAMPIONNAT DE GYMNSTIQUE”，是唯一能够从奖牌上读到的与体育有关的内容。

★现代奥林匹克运动在中国的传播

19 世纪中叶至 19 世纪末，外国传教士在北京、天津、上海、广东、福建、武汉、烟台等地开办的教会学校达2000余所，这些学校除开设体育课外，还举行学校及校际各种竞技比赛。受其影响，其他公立、私立学校也在课外开展了田径和球类活动。洋务运动过程中，击剑、拳击、足球等运动项目开始传入中国，而游泳、滑水、体操等项目已成为当时北洋水师学堂的体育课内容。20世纪初，随着新式学堂大量兴办，校际运动会增多，比赛项目日益丰富，省运会和地区运动会相继出现。辛亥革命前，湖南、四川、广东、浙江、天津等地开始定期举办运动会。

第 3 届夏季奥林匹克运动会

——美国 · 圣路易斯 · 1904

会　　期： 1904 年 7 月 1 日—11 月 23 日

主办城市： 美国（USA）· 圣路易斯（St. Louis）

参加国家和地区： 12 个

参赛运动员： 651 人，其中女性 6 人

竞赛项目： 95 项

考虑到美国运动员在最初两届奥运会上取得的骄人战绩，国际奥委会将第 3 届奥运会主办权交给了美国，即 1904 年圣路易斯奥运会。如同上届巴黎奥运会一样，圣路易斯将奥运会与世界博览会再次合并举办，但总体来看，这种尝试并不成功。此后在筹办奥运会时，也没有主办方再尝试过类似的做法。

1904 年圣路易斯奥运会是奥运史上又一次旷日持久的运动会，比赛时间从 7 月 1 日持续至 11 月 23 日，耗时 4 个半月，并且参赛国家只有 12 个，是迄今为止奥运会参赛的国家和地区最少的一届。参赛运动员中美国人占了大多数，许多欧洲运动员因为旅途花费太昂贵而未能成行。正因如此，圣路易斯奥运会也被称为"美国的奥运会"。在本届奥运会上共产生了 279 枚奖牌，最终美国也包揽了绝大多数的奖项，以 76 枚金牌、78 枚银牌、77 枚铜牌登顶本届奥运会，德国第二，加拿大第三。

1904 年第 3 届夏季奥运会奖牌榜

名次	国家或地区	金牌	银牌	铜牌
1	美国	76	78	77
2	德国	4	5	6
3	加拿大	4	1	–
4	古巴	3	–	–
5	匈牙利	2	1	1

续表

名次	国家或地区	金牌	银牌	铜牌
6	联合体	2	1	1
7	挪威	2	–	–
8	英国	1	1	–
9	奥地利	1	1	1
10	瑞士	1	–	2
11	希腊	1	–	1
12	澳大利亚	–	3	1
13	法国	–	1	–

*数据来源于https://olympics.com/en/olympic-games/st-louis-1904/medals（2021-5-8）

【奥运奖牌】

1904 年圣路易斯奥运会给获胜的前三名颁发金、银、铜牌，并将颁奖仪式放在决赛后的现场进行，这在奥运史上是第一次。奥运奖牌的正面是一名右手持花环的奥运会冠军，他的身后是以雅典卫城为背景的正在参加各项体育比赛的运动员，上面的文字是“OLYMPIAD 1904”（奥林匹克，1904 年）。奖牌的背面是手持胜利花环和橄榄枝，站在地球上的胜利女神。胜利女神的左边是奥林匹亚宙斯的半身雕塑，上面的文字是“UNIVERSAL EXPOSITION”（世界博览会），下面是“ST.LOUIS，U.S.A.”（圣路易斯，美国）；胜利女神的右边是一个桂冠，桂冠的中间镌刻着运动项目的名称。奖牌分别由镀金白银、白银和青铜模压制成。

【参与奖章】

1904年圣路易斯奥运会再次与博览会合并举办，奖章样式也不止一种。其中最为珍贵的、被誉为“奥林匹克铜章收藏之王”的参与奖章呈八角形，正面是3个徽章位于树叶组成的背景图案上和日期1803年。3个徽章分别是圣路易斯市市徽、路易斯安那州州徽和美国国徽；1903年是路易斯安那州加入美利坚合众国的年份，举办世界博览会就是为了纪念这一事件100周年。参与奖章的背面以日出为背景，表现的是一名手持橄榄枝的奥运冠军形象。这种奖章数量极为稀少，也是1904年奥运会极少的几件带有奥林匹克运动会字样的徽章档案。

首都体育学院奥林匹克教育博物馆收藏的纪念章，是历届纪念章中唯一的盾形奥运纪念章，也是1904年圣路易斯世博会金奖奖牌。奖牌正面是两个女性，高个的代表美国，她张开双臂，举着美国国旗；另一个年轻一点的女性代表路易斯安那。两人的背景是冉冉升起的太阳，预示着美利坚合众国进入了一个新的发展阶段。奖牌的背面上部是一只展开双翅的白头鹰——美国的国鸟，也是美国的象征。下部是英文“路易斯安那博览会金”字样。两条海豚象征着美国的东西边界：大西洋和太平洋。

【奥运记忆】

★泛滥的“奥运会冠军”

圣路易斯奥运会总共颁发了97枚金牌，但由于在1904年的春天，世界博览会组委会为美国运动员举办了各式各样的体育比赛，为了达到宣传的效果，主办方将这些比赛也统称为奥运会比赛，优胜者被授予“奥运会冠军”的称号并获得奥运会奖牌。这种随意滥用奥运会竞赛规则的做法，导致又有约390人获得了奥运会冠军的称号。

★中国近代史上第一所体育单科学校
——大通师范学堂创办

1904年，许多中国报刊报道了第3届奥运会的消息，由于这届奥运会规模较小，加之当时中国民众对现代体育了解甚少，影响有限。当时清政府的统治风雨飘摇，日俄战争在中国东北爆发。与此同时，强兵、强种、强国的体育观念拥有了较高的社会认同度。在资产阶级革命派那里，孙中山先生多次提出“强种保国，强民自卫”的问题，将体育提到了救亡图存的高度。在孙中山的积极倡导下，资产阶级革命派采取了一系列的措施，如在浙江绍兴创办的近代史上第一所革命党人的体育单科学校——大通师范学堂。学校实行军事化管理，除周日外，每天都有军事操练。每周一、三、五，学生都有一个小时的器械体操课，引进了木马、单杠、秋千、吊环等器械。大通师范学堂一度成为资产阶级派的活动中心，为辛亥革命培养了许多骨干。

第 4 届夏季奥林匹克运动会

——英国·伦敦·1908

会　　期： 1908 年 4 月 27 日—10 月 31 日

主办城市： 英国（Great Britain）·伦敦（London）

参加国家和地区： 22 个

参赛运动员： 2008 人，其中女性 37 人

竞赛项目： 110 项

第 4 届奥运会最初计划由意大利罗马承办，但由于当地发生多次地震导致附近的维苏威火山爆发，1906 年，国际奥委会最终决定将承办权移交给英国伦敦。1908 年伦敦奥运会开幕式首次规定了各代表应服装统一，在本国国旗引导下列队入场，并由此成为历届开幕式上的惯例。本届奥运会的参赛国家增至 22 个，参赛运动员比前 3 届奥运会参赛人数的总和还要多，是五大洲国家代表的第一次正式聚会，对奥林匹克运动日益国际化具有重要的历史意义。另外，也是从这届奥运会开始，奥运会奖牌、选手资格和计量方法等开始规范化，建立的许多制度一直沿用至今。在本届奥运会上，共产生了 324 枚奖牌。最终，奖牌榜前三名分别为英国、美国和瑞典。总体而言，本届奥运会以其良好的组织工作和出色的设备引起了世人的广泛关注，一改最初几届奥运会给人留下的不良印象，使奥林匹克理想开始逐步得到传播。

1908 年第 4 届夏季奥运会奖牌榜

名次	国家或地区	金牌	银牌	铜牌
1	英国	56	51	39
2	美国	23	12	12
3	瑞典	8	6	11
4	法国	5	5	9
5	德国	3	5	5

续表

名次	国家或地区	金牌	银牌	铜牌
6	匈牙利	3	4	2
7	加拿大	3	3	10
8	挪威	2	3	3
9	意大利	2	2	–
10	比利时	1	5	2
11	澳大利亚	1	2	2
12	俄国	1	2	–
13	芬兰	1	1	3
14	南非	1	1	–
15	希腊	–	3	1
16	丹麦	–	2	3
17	波西米亚	–	–	2
18	荷兰	–	–	2
19	奥地利	–	–	1

*数据来源于https://olympics.com/en/olympic-games/london-1908/medals（2021-5-8）

【奥运奖牌】

1908年伦敦奥运会奖牌设计者别尔特拉姆·马凯南爵士（他也是纪念章和官方徽章的设计者）与英国奥林匹克委员会合作，在奖牌设计上表现出了自己的独创性：奖牌的尺寸特别小，直径只有33mm。奖牌正面

图案是两名女子正在给一名获得胜利的运动员戴上桂冠，下面的文字是“OLYMPIC GAMES LONDON 1908”（奥林匹克运动会，伦敦，1908年）。奖牌背面图案是骑在马背上的常胜将军圣乔治、一条神奇的龙和右手持棕榈枝的胜利女神。在奖牌的侧边刻有比赛项目的名称。其中，冠军奖牌由纯度为58.3%的黄金制成。本届奥运会的组织者希望这一设计图案能在此后奥运会的奖牌上重复使用，但是这种愿望只在4年后举行的斯德哥尔摩奥运会上实现了1次。

【参与奖章】

1908年伦敦奥运会参与奖章正面是马车和驾驭者，右边站着准备给获胜运动员授予胜利棕榈的裁判员。背面是展翅的胜利女神站在地球上。该设计图案后来在1912年、1920年、1948年奥运会参与奖章的制作中被重复使用。奖牌直径约为5cm。

【奥运记忆】

★开奥运会“奖牌榜”之先河

在1908年伦敦奥运会上，英国为了突出本国的优越成绩，首次公布了各国的奖牌统计数字，由此开创了以后历届奥运会设立各国“奖牌榜”的先河，但也引发了奥运史上所谓“国家主义”与“奖牌主义”的长久争论。本届奥运会的颁奖程序非常有特色。给奥运冠军颁奖的仪式非常隆重，英国国王也出席了颁奖仪式，在军乐团演奏的《看，胜利的英雄走来了》的乐曲中，冠军们在体育场内列队走进英国国王的包厢，由国王亲自给他们颁发金牌。银牌和铜牌的颁发仪式则简单许多，由王室成员和国际奥委会的领导人给他们发奖。

★“三问中国，何时申奥”

1907 年以后，中国基督教青年会和教会学校人士开始在社会上宣传奥林匹克运动。10 月 24 日，著名体育家、教育家张伯苓在天津基督教育年会第五届学校运动会的演说中，热烈呼吁中国加紧准备，争取早日参加奥运会，称此次运动会的成功，使他“对吾国选手在不久的将来参加奥运会充满了希望”。1908 年，国内的一些报刊报道了即将召开第 4 届奥运会的消息，称再过几个星期，伦敦将举行一次盛大的奥运会。世界上没有一个运动会能与奥运会相比，并有“三问中国，何时申奥”之文。10 月，在天津基督教青年会第六届学校运动会的颁奖仪式上，美籍体育干事饶柏森用幻灯放映了奥运会的盛况，并在演讲中阐述了中国参加奥运会的前景，激起了与会者对奥运会的极大兴趣。

第5届夏季奥林匹克运动会

——瑞典·斯德哥尔摩·1912

会　　期：1912年5月5日—7月27日

主办城市：瑞典（Sweden）·斯德哥尔摩（Stockholm）

参加国家和地区：28个

参赛运动员：2407人，其中女性48人

竞赛项目：102项

第5届夏季奥运会原定于德国柏林主办，但1909年5月，德国因其奥委会主席突然病逝而宣布放弃主办权。而瑞典早就希望奥运会能来到自己的国土上，因此柏林弃权后，瑞典便抓紧时间准备奥运会的事宜。瑞典是现代体育开展较早的国家之一，1894年瑞典就向刚成立的国际奥委会表示过，希望能在自己的国土上举办奥运会。但是，前几届会址已选定。因此，柏林弃权后，瑞典欣然接受了主办1912年奥运会的重任，地点就选定在首都斯德哥尔摩。

本届奥运会共有28个国家参加，参赛的国家和运动员数都是创纪录的。瑞典人对比赛也极为关注，每场观众都在3万人左右。比赛项目较上届也进行了大幅削减，14个大项共计102个小项总共产生了317枚奖牌，最终美国、瑞典和英国居奖牌榜前三名。本届奥运会首次举行艺术比赛，内容有以体育运动和奥运会为题材的建筑、色彩画、雕塑、音乐和文学作品。顾拜旦的名著《体育颂》获金质奖章。

1912年第5届夏季奥运会奖牌榜

名次	国家或地区	金牌	银牌	铜牌
1	美国	26	19	19
2	瑞典	24	24	17
3	英国	10	15	16

续表

名次	国家或地区	金牌	银牌	铜牌
4	芬兰	9	8	9
5	法国	7	5	3
6	德国	6	13	7
7	意大利	5	1	2
8	南非	4	2	–
9	挪威	4	1	5
10	匈牙利	3	2	3
11	加拿大	3	2	3
12	澳大利亚	2	2	3
13	比利时	2	1	3
14	丹麦	1	6	5
15	希腊	1	–	1
16	瑞士	1	–	–
17	俄国	–	2	3
18	奥地利	–	2	2
19	荷兰	–	–	3

*数据来源于https://olympics.com/en/olympic-games/stockholm-1912/medals（2021-5-8）

【奥运奖牌】

早在1910年组委会就确定了本届奥运会奖牌的图案。奖牌的一面保留了伦敦奥运会的原样。著名的瑞典雕塑家埃里克·林德伯格为本届奥运会的奖牌设计了图案。奖牌的正面是两名正给奥运冠军戴上花环的女子，背面是一个年轻的正在宣布奥林匹克运动会开幕的主持人和瑞典著名体育教育专家佩尔·亨利·林格的雕像，文字“OLYMPISKA SPELEN STOCKHOLM”（奥林匹克运动会，斯德哥尔摩）呈圆形排列在奖牌的边缘，在赛事主持人的左边注明了举办奥运会的时间：1912年。与上届奥运会一样，奖牌的直径为33mm。颁发给斯德哥尔摩奥运会上个人项目冠军的奖牌由纯度为58.3%的黄金铸成。

【参与奖章】

1912年斯德哥尔摩奥运会参与奖章的正面沿袭了传统的主题，正面是马车和驾驭者，右边站着准备给获胜运动员授予胜利棕榈的裁判员。背面为端坐在艾奥尼亚圆柱宝座上的宙斯手持希腊胜利女神像，背景为斯德哥尔摩市景。奖章直径约为5cm。

【奥运记忆】

★别出心裁的颁奖仪式

在本届奥运会闭幕式上，主办方别出心裁地举办了特别的发奖仪式。东道主在科罗列夫运动场设置了3个不同高度的授奖台，运动员按照所获金、银、铜牌类别在台前排成长队，由瑞典国王颁发金牌，皇后颁发银牌，亲王颁发铜牌。

★美国天才运动员吉姆·索普

在本届奥运会上，最出名的人物是美国天才运动员吉姆·索普，不仅在五项全能和十项全能两个难度最大的项目比赛中以优异的成绩取胜，而且在各单项上也夺得了多项胜利。瑞典国王古斯塔夫五世在授予他金牌时，称赞他为“我们时代最伟大的运动员”。但是，1913 年，美国奥委会指控他收取了 15 美元为一所印第安人学校的棒球队员比赛，这违背了业余运动员规则，因此他们取消了索普的奥运会冠军。直到 70 年后的 1983 年，国际奥运会主席萨马兰奇才将金牌亲自授予索普的儿子以还索普清白。

★第一届全国运动会召开

1910 年，中国在“争取早日参加奥运会”和“争取早日在中国举办奥运会”口号的鼓舞下，在南京举办了有史以来的第一次全国运动会，即“全国学校区分队第一次体育同盟会”。从第一届全国运动会竞赛组织形式来看，已完全与奥运会相似。参赛队按照当时中国的地区划分确定组建，并且规定每个代表队在比赛中都应有自己的专色标志。首届全运会在项目分类和成绩录取上也有比较规范的要求。大会总共设有田径、足球、篮球、网球四个大项，采取团体计分方式，总分多者获胜。最终，田径比赛项目上海代表队得分最多，篮球冠军为华北地区代表队，足球冠军为华南地区代表队，网球的前四名被圣约翰大学代表队包揽。第一届全国运动会的召开，对推动奥林匹克运动在中国的传播，无疑具有重要的影响。

第6届夏季奥林匹克运动会

——德国·柏林·1916（未举办）

第6届奥运会即1916年柏林奥运会。原定于1916年在德国首都柏林举行，因1914年7月爆发的第一次世界大战被迫停办。长达4年之久的第一次世界大战，不仅酿成了人类历史上空前的灾难，同时也给奥林匹克运动造成了巨大损失：国际奥委会总部被迫迁到瑞士小城洛桑；32名奥运会选手战死疆场，其中包括16名曾获奥运会奖牌的优秀选手。

早在国际奥委会于1912年召开的第15届年会上，国际奥委会就从申请主办权的德国柏林、埃及亚历山大、美国克利夫兰和匈牙利布达佩斯4个城市中选定了德国的柏林作为第6届夏季奥运会的主办城市。之所以选择柏林，顾拜旦是这样认为的：如果柏林作为下届奥运会会址的话，将会使正在兴起的德国军国主义者把战争的兴趣转向筹办奥运会，促使德国爱好和平的力量团结起来反对战争。但是，1914年第一次世界大战全面爆发，战火的燃烧使巴黎日益受到威胁。1915年4月10日，国际奥委会将总部迁往瑞士洛桑。

为遵守国际奥委会的和平宗旨和谴责德国的侵略行为，以皮埃尔·德·顾拜旦为首的国际奥委会决定取消这次奥运会。但依照古代奥运会旧制，凡因故未能举行的奥运会，也要在奥运史上占据一页。因此，下一届奥运会依然按照惯例在4年后，即1920年举行。

尽管第6届奥运会没有举行，但是其筹备工作在战争爆发前许久就已经在进行了。柏林早在1913年就建成了一座大型的奥林匹克运动场，奥运奖牌和徽章的设计图也都已经准备完毕，但进一步的工作却没能够继续进行。

第2篇

“二战”后夏季奥林匹克运动会的复苏

1914—1918 年的第一次世界大战使定于 1916 年在柏林举办的第 6 届夏季奥运会被迫取消，使国际局势动荡不安。第一次世界大战结束不过 2 年，规模更大、更为残酷的第二次世界大战降临，奥林匹克运动面临夭折的危机。1920 年出现的奥林匹克格言“更快，更高，更强”是这一时期奥林匹克思想的重要进展，它与“重大参与”相辅相成，鼓励人们以积极进取的精神参与到奥林匹克运动中来。奥林匹克与新兴的科学技术的结合，标志着现代奥运会已开始形成体系化。到 1952 年第 15 届夏季奥运会举办前夕，随着遭到两次世界大战蹂躏的奥运会的复苏，奥林匹克运动体系开始形成。

第 7 届夏季奥林匹克运动会

——比利时·安特卫普·1920

会　　期：1920 年 4 月 20 日—9 月 12 日

主办城市：比利时（Belgium）·安特卫普（Antwerp）

参加国家和地区：29 个

参赛运动员：2622 人，其中女性 65 人

竞赛项目：156 项

在经过 8 年的中断后，1920 年比利时安特卫普奥运会再次将世界各地的奥运健儿们聚集起来。由于刚刚经历了第一次世界大战，本届奥运会开幕式的举办方式也不同寻常。在开幕式上，大会第一次升起了由顾拜旦于 1913 年设计的奥林匹克会旗，旗帜的旗面是白色丝绸，上面绣有 5 个颜色不同但相互套连的圆环。并在会场上放飞了奥运史上第一批和平鸽。此外，为了悼念在第一次世界大战中阵亡的协约国将士，运动场上第一次点燃了象征胜利和光明的奥运圣火。本届奥运会共有 29 个国家参加，共产生了 449 枚奖牌。最终，美国、瑞典和比利时分别位列奖牌榜前三名。

1920 年第 7 届夏季奥运会奖牌榜

名次	国家或地区	金牌	银牌	铜牌
1	美国	41	27	27
2	瑞典	19	20	25
3	比利时	16	12	14
4	芬兰	15	10	9
5	英国	14	16	13
6	意大利	14	6	5
7	挪威	13	10	9
8	法国	9	20	13
9	荷兰	4	2	5

续表

名次	国家或地区	金牌	银牌	铜牌
10	丹麦	3	9	1
11	南非	3	4	3
12	加拿大	3	3	3
13	瑞士	2	2	7
14	爱沙尼亚	1	2	–
15	巴西	1	1	1
16	澳大利亚	–	2	1
17	西班牙	–	2	–
18	日本	–	2	–
19	希腊	–	1	–
20	卢森堡	–	1	–
21	捷克斯洛伐克	–	–	2
22	新西兰	–	–	1

*数据来源于https://olympics.com/en/olympic-games/antwerp-1920/medals（2021-5-8）

【奥运奖牌】

1920年比利时安特卫普奥运会颁发给冠军和获奖者的奖牌是由来自安特卫普的画家约翰·久邦设计的。奖牌的正面是头戴桂冠、左手持棕榈枝的奥运冠军，其后面的背景是展翅盘旋的胜利女神，最底下的文字是“VIII OLYMPIADE”（第7届奥运会），右边是凯旋门的轮廓。奖牌背面以安特卫普市景中的大教堂、海港和轮船为背景，前面是一尊根据古老传说塑造的雕像。雕像耸立在人物造型的喷泉之上，其下是枝叶环绕着的安特卫普市徽，上面一行文字“ANVERS MAMXX”（安特卫普，1920年）呈半圆形排列。奖牌由镀金白银、白银和青铜模压制成，直径6cm。在奖牌的正反面都刻有设计者的名字。

【参与奖章】

1920年比利时安特卫普奥运会参与奖章正面为挥动翅膀的胜利女神手持花环飞翔，下面是向右疾驰的两架马车，背面为胜利女神在给获胜的运动员颁奖，她身后有放在三脚架上燃烧的圣火，背景是安特卫普市景。奖牌设计者P.THEUNIS的名字刻在奖牌背面日期“MCMXX”的右上方。参与奖章直径约为6cm。

【奥运记忆】

★芬兰获9枚田径项目金牌

在1920年比利时安特卫普奥运会上，芬兰选手不仅长跑成绩出色，在三级跳远、铅球、铁饼、标枪和五项全能中也接连取胜，总共获得了9枚田径项目的金牌，与美国恰好相等。一个小国能与世界头号田径强国在金牌数上平分秋色，这在奥运会历史上是空前的。

★第五届远东运动会在上海召开

远东运动会原名为“远东奥林匹克运动会”，是20世纪初期中国、日本、菲律宾三个国家发起并参加的地区性国际体育比赛。1921年，安特卫普奥运会后一年，第五届远东运动会在中国上海召开。本届远东运动会是中国经过“五四”新文化运动洗礼后，第一次承办国际体育比赛，因此各方面准备比较充分。开幕式规模更是空前，1500多名来自上海和江苏的小学生们专门为大会进行了团体操表演。来自苏州第一高等女子小学、上海爱国女学以及上海女子体操学校的童子军，参加大会团体操表演，可谓开天辟地的重大事件，引起了当时社会的强烈反响。

第 8 届夏季奥林匹克运动会

——法国·巴黎·1924

会　　期：1924 年 5 月 4 日—7 月 27 日

主办城市：法国（France）·巴黎（Paris）

参加国家和地区：44 个

参赛运动员：3088，其中女性 135 人

竞赛项目：126 项

1924 年正值现代奥林匹克运动复兴 30 周年诞辰，为表彰现代奥林匹克运动创始人顾拜旦的成就，国际奥委会决定第 8 届奥运会再次在顾拜旦的故乡——法国首都巴黎举行，巴黎也成为第一个成功举办两次奥运会的城市。1924 年巴黎奥运会上一位法国教师提出了"更快、更高、更强（Citius，Altius，Fortius）"的口号，受到各国体育界的赞赏，后来成为奥运会正式而响亮的口号。本届奥运会第一次在闭幕式上同时升起国际奥委会、本届奥运会主办国和下届奥运会主办国的国旗，并由此成为历届奥运会闭幕式的惯例。

1924 年巴黎奥运会应邀参赛的国家和地区从上届的 29 个增至 44 个，标志着奥林匹克运动在世界各地的广泛传播。大会共产生了 392 枚奖牌，最终，美国以 45 枚金牌、27 枚银牌、27 枚铜牌的成绩居奖牌榜第一，芬兰、法国分列第二、第三位。

1924 年第 8 届夏季奥运会奖牌榜

名次	国家或地区	金牌	银牌	铜牌
1	美国	45	27	27
2	芬兰	14	13	10
3	法国	14	15	12
4	英国	9	14	12

续表

名次	国家或地区	金牌	银牌	铜牌
5	意大利	8	3	5
6	瑞士	7	8	10
7	挪威	5	2	3
8	瑞典	4	13	12
9	荷兰	4	1	6
10	比利时	3	7	3
11	澳大利亚	3	1	2
12	丹麦	2	6	3
13	匈牙利	2	4	4
14	南斯拉夫	2	–	–
15	捷克斯洛伐克	1	4	5
16	阿根廷	1	3	2
17	爱沙尼亚	1	1	4
18	南非	1	1	1
19	卢森堡	1	1	–
20	希腊	1	–	–
21	乌拉圭	1	–	–
22	加拿大	–	3	1
23	奥地利	–	3	1
24	波兰	–	1	1
25	爱尔兰	–	1	1
26	日本	–	–	1
27	新西兰	–	–	1
28	罗马尼亚	–	–	1
29	葡萄牙	–	–	1
30	摩纳哥	–	–	1
31	海地	–	–	1

*数据来源于https://olympics.com/en/olympic-games/paris-1924/medals（2021-5-8）

【奥运奖牌】

1924年巴黎奥运会的奖牌设计者是法国画家里瓦乌德。奖牌正面是光芒照耀下的两名运动员的身影，图意为一名运动员正在帮其摔倒的同伴站起来；奖牌下方是互相套连的五环；图案外围由细小的圆珠构成。奖牌的背面是各种体育器材，有击剑面罩、滑雪板、滑雪杖、球、船桨、标枪、铁饼和铅球，寓意是奥运会体育项目的多样性；左下方是一个竖琴；中间有4行文字：VIII OLYMPIADE PARIS 1924（第8届奥运会，巴黎，1924年）。金牌、银牌和铜牌分别由镀金白银、白银和青铜模压制成，直径55mm。

【参与奖章】

1924年巴黎奥运会参与奖章正面是希腊胜利女神向获胜的运动员授予月桂花冠。背面是巴黎市景以及三行法文“1924年第8届巴黎奥运会”和设计者RAOUL BENARD名字的字母组合标记。参与奖章直径约为55mm。

【奥运记忆】

★非正式的团体计分方法

1924年巴黎奥运会出现了两种非正式的团体计分方法。一是第一名得7分，第二、第三、第四、第五和第六名依次为5分、4分、3分、2分和1分，最后按照积分多少排序；二是以奖牌多少排序，先排金牌，再者银牌，其次铜牌。但是，在各项比赛结束后，没有正式宣布名次，没有升起获奖运动员所属国家的国旗，闭幕式上也没有举行授奖仪式。

★芬兰长跑名将帕沃·努尔米

在本届奥运会上初登田坛的芬兰长跑名将帕沃·努尔米大显威风，共夺得了5枚金牌，成为本届奥运会获金牌数最多的运动员，甚至有人把这届奥运会称为“努尔米奥运会”。

★中国运动员第一次出现在奥运会赛场上

在1924年巴黎奥运会上，第一次出现了黑头发、黄皮肤的中国人。他们是中国留美学生吴仕光、韦荣洛和徐恒。他们是通过热心的旅美华侨叶崇勋募捐资助，在参加完于澳大利亚举行的“戴维斯”杯网球赛后，以个人名义前来参加奥运会的。虽然他们在预赛中即被淘汰，但这却是中国运动员第一次出现在奥运会的赛场上。

★中华全国体育协进会成立

20世纪20年代初期，中国教育界和体育界人士发出了从外国人手中收回体育运动比赛主办权的呼声。并从1923年起，开始酝酿成立由中国人自己组建的全国性体育组织。1924年，中华全国体育协进会正式成立，选举张伯苓、王正廷为名誉会长。张伯苓虽为名誉会长，却实际主持着该会的日常工作。中华全国体育协进会是旧中国体育事业的最高组织，它的成立在推动全国体育运动竞赛的开展、加强国际体育联系、组织参加国际体育活动和推动中国奥林匹克运动的开展等方面，起到了积极的作用。这是中国人主动接受奥林匹克运动的重要标志。

第 9 届夏季奥林匹克运动会

——荷兰·阿姆斯特丹·1928

会　　期：1928 年 5 月 17 日—8 月 12 日

主办城市：荷兰（Netherlands）·阿姆斯特丹（Amsterdam）

参加国家和地区：46 个

参赛运动员：2883 人，其中女性 277 人

竞赛项目：109 项

1928 年第 9 届夏季奥运会在荷兰阿姆斯特丹举行，在本届奥运会上诞生了奥运火炬接力这一传统。火炬的火种取自奥林匹亚，采用聚光镜聚集阳光点燃火炬，然后通过接力跑步传送，途经希腊、南斯拉夫、奥地利、德国 4 个国家，最后传到主办地荷兰。另外，这次奥运会还有几项创举：使用大型成绩显示板，开幕典礼放飞和平鸽，田径场跑道一圈 400 米，入场式希腊队优先、东道主殿后的排列方式，这些都成为以后历届奥运会的模式并沿用至今。本届奥运会共有 46 个国家和地区的运动员参加了比赛，产生奖牌356枚。最终，美国、德国和芬兰分别列奖牌榜前三名。

1928 年第 9 届夏季奥运会奖牌榜

名次	国家或地区	金牌	银牌	铜牌
1	美国	22	18	16
2	德国	11	9	19
3	芬兰	8	8	9
4	荷兰	8	10	5
5	法国	7	12	6
6	瑞典	7	6	12
7	意大利	7	6	7
8	瑞士	7	6	4

续表

名次	国家或地区	金牌	银牌	铜牌
9	匈牙利	5	5	–
10	英国	4	11	7
11	加拿大	4	4	7
12	阿根廷	3	3	1
13	丹麦	3	2	4
14	奥地利	3	–	1
15	捷克斯洛伐克（前）	2	5	2
16	日本	2	2	1
17	波兰	2	1	4
18	爱沙尼亚	2	1	2
19	埃及	2	1	1
20	挪威	1	2	1
21	澳大利亚	1	2	1
22	南斯拉夫（前）	1	1	3
23	南非	1	–	2
24	爱尔兰	1	–	–
25	西班牙	1	–	–
26	印度	1	–	–
27	新西兰	1	–	–
28	乌拉圭	1	–	–
29	卢森堡	1	–	–
30	比利时	–	1	2
31	海地	–	1	–
32	智利	–	1	–
33	菲律宾	–	–	1
34	葡萄牙	–	–	1

*数据来源于https://olympics.com/en/olympic-games/amsterdam-1928/medals（2021-5-8）

【奥运奖牌】

1928年阿姆斯特丹奥运会颁发给运动员的奖牌是组织者根据佛罗伦萨的朱则佩·卡西奥里教授设计的图案制作的。奖牌的正面是胜利女神的形象。女神右手高举桂冠，左手拿着棕榈枝。女神的右边是古希腊盛酒的双耳罐，罐上画有运动员比赛的场景。女神的左边是古希腊半圆露天竞技场的局部画面，竞技场的上方有4行平行的文字：IXTH OLYMPIADE AMSTERDAM 1928（第9届奥运会，阿姆斯特丹，1928年）。从此，夏季奥运会奖牌的设计图案一直沿袭至今。在奖牌的背面是众多运动员激动地把奥运冠军举过肩头的形象。冠军右手挥动着向参加奥运会的运动员致意，左手拿着棕榈枝。奖牌上刻有设计师姓名的首个字母，这一细节也一直延续了40年，至1968年夏季奥运会。

【参与奖章】

1928年阿姆斯特丹奥运会参与奖章正面图案为站在颁奖台上赤裸的男女运动员共同手持火炬，身后是奥运圣火，下方为橄榄枝和天平。背面图案由胜利女神、马拉松塔、阿姆斯特丹市徽、地球东西两个半球和主体育

场图案组成。直径约为55mm。

【奥运记忆】

★亚洲选手的首块奥运金牌

1928年阿姆斯特丹奥运会比赛中获得金牌的国家多达29个，这一纪录此后一直保持了40年。在三级跳远决赛中，日本选手织田干雄以15.21米的成绩获得了金牌，这是日本，也是亚洲选手在奥运会上第一次获得金牌。

★“半金半银”的奖牌

美国女子田径队在这届奥运会上以绝对的优势夺得6个项目中的5枚金牌。队中一位名叫迪德里克森的选手尽管仅有18岁，却早已在运动场上闻名遐迩，她曾多次荣获美国冠军和世界冠军，还是一名杰出的高尔夫球选手。迪德里克森能跑、能投、能跳。在本届奥运会的田径赛中，她以特有的跑技和投技，夺取了80米栏和标枪两项冠军，创造了这两个项目的奥运会纪录。在她与队友希利角逐跳高的比赛中，两人互不相让，同以1.657米的成绩创女子跳高纪录，但裁判却判迪德里克森技术犯规，成绩被宣布无效。后来迪德里克森提出抗议，才改判她获银牌。这对好友为了她们之间的友谊，把奖牌各切割成两半，焊成了半金半银各一块。她们的这一举动，让人们看到了比金牌还要宝贵的东西。

★第9届奥运会上唯一的中国代表

第9届阿姆斯特丹奥运会举办前夕，中华全国体育协进会收到了一封来自荷兰的奥运会邀请函，当时的中国政府对奥林匹克运动尚无认知，更兼时局变乱，不可能拨出专款组团参加。中华全国体育协进会领导人王正廷致电中国驻荷兰公使罗忠诒，请他出面担任正式代表，并委派正在美国考察体育的留学生宋如海以观察员名义出席大会。1928年7月29日，唯一的中国代表宋如海出现在第9届奥运会的看台上，赛场上运动员的奋力拼搏、现场观众的热烈气氛感染着这位远道而来的客人。虽然只是观摩，但宋如海心潮澎湃，他一边看比赛，一边叨念着“Olympiade，Olympiade，‘我能比呀’”！这次奥运之行促使他写出了《世界运动会丛录》。这是中国人撰写的第一本有关奥运会的历史文献。

第10届夏季奥林匹克运动会

——美国·洛杉矶·1932

会　　期： 1932年7月30日—8月14日

主办城市： 美国（USA）·洛杉矶（Los Angeles）

参加国家和地区： 37个

参赛运动员： 1334人，其中女性127人

竞赛项目： 117项

1932年，第10届夏季奥运会在美国洛杉矶举行。当时欧美国家正处于经济大萧条时期，并且比赛举办地点远在美国西海岸，因此参加的国家和地区只有37个。本届奥运会从开幕到闭幕仅仅用了16天，赛程紧凑而热闹。在打破纪录方面，也超越了以往任何一届奥运会，总共打破了90项奥运会纪录、18项世界纪录。本届奥运会共产生370枚奖牌，最终美国获金牌44枚、银牌36枚、铜牌30枚，居奖牌榜第一；意大利居奖牌榜第二；法国居第三。

1932年第10届夏季奥运会奖牌榜

名次	国家或地区	金牌	银牌	铜牌
1	美国	44	36	30
2	意大利	12	12	12
3	法国	11	5	4
4	瑞典	10	5	9
5	日本	7	7	4
6	匈牙利	6	5	5
7	芬兰	5	8	12
8	英国	5	7	5
9	德国	5	12	7
10	波兰	3	2	4

续表

名次	国家或地区	金牌	银牌	铜牌
11	澳大利亚	3	1	1
12	阿根廷	3	1	–
13	加拿大	2	5	9
14	荷兰	2	5	1
15	南非	2	–	3
16	爱尔兰	2	–	–
17	捷克斯洛伐克	1	3	2
18	奥地利	1	1	3
19	印度	1	–	–
20	丹麦	–	5	3
21	墨西哥	–	2	–
22	新西兰	–	1	–
23	拉脱维亚	–	1	–
24	瑞士	–	1	–
25	菲律宾	–	–	3
26	西班牙	–	–	1
27	乌拉圭	–	–	1
28	比利时	–	–	1

*数据来源于https://olympics.com/en/olympic-games/los-angeles-1932/medals（2021-5-8）

【奥运奖牌】

1932 年洛杉矶奥运会奖牌的外貌基本与上届奥运会保持一致，唯一不同的是奖牌正面的文字为“$\mathrm{X^{TH}}$ OLYMPIAD LOSANGELES 1932”（第 10 届奥运会，洛杉矶，1932 年）。奖牌根据奥林匹克宪章的规定在美国铸造，总共制作了120枚金牌，以及同样数目的银牌和铜牌。奖牌直径为55.5mm。

【参与奖章】

1932 年洛杉矶奥运会参与奖章正面为站立的运动员手持展开的第十届奥运会会旗，背面为两名坐着的女子，一人手持橄榄枝，另一人手拿加利福尼亚和洛杉矶徽记的徽章，两人共同托着美国国徽。当时官方制作了4000枚。直径约为6.9cm。

【奥运记忆】

★中国首次以国家名义参加奥运会

1931 年，当时的中华全国体育协进会得到国际奥委会承认为“中国奥林匹克委员会”。中国正式成为国际奥委会会员，自此与国际奥委会有了更紧密的联系。中国首次以国家名义参与了这届奥运会，派出了一支由 6 人组成的代表团参加正式比赛。运动员只有刘长春 1 人。刘长春参加了男子 100 米、200 米比赛，虽然在预赛中遭到淘汰，但此次参赛开创了中国参加奥运会比赛的历史，对中国现代体育的发展影响深远。

在 1932 年洛杉矶奥运会开幕式上，中国体育代表团入场

★唯一一名代表中国参赛的运动员刘长春

1931 年，日本侵略者的铁蹄开始践踏中国东北。最初，中华全国体育协进会准备派足球和田径选手参加洛杉矶奥运会，并向当时的国民政府申报经费。1932 年 5 月，教育部却以“时间仓促、准备不足”为理由，正式宣布不派运动员参加奥运会。为了让“伪满洲国”国际合法化，从而取代中国的地位，日本人威逼利诱大连运动员刘长春和另一位中距离跑选手于希渭参加洛杉矶奥运会。1932 年 5 月至 6 月间，大连“泰东日报”先后 5 次发表了关于刘长春的报道。5 月底接受《大公报》采访的刘长春公开声明，“我是中华民族炎黄子孙，绝不代表伪‘满洲国’出席第十届奥林匹克运动会”。声明发表后，张学良将军立即对刘长春大加赞赏，随后张学良捐赠 8000 银元，特派刘长春和于希渭为运动员，宋君复教授为教练，代表中国参加洛杉矶奥运会，他强调“刘长春此次参赛为有史以来第一次，意义无穷”。但由于于希渭被日方严密看守，无奈，刘长春成为唯一一名代表中国参加洛杉矶奥运会的运动员。

中国第一位参加奥运会的运动员刘长春（右起第四人）
在 1932 年洛杉矶奥运会 200 米预赛中

第 11 届夏季奥林匹克运动会

——德国·柏林·1936

会　　期： 1936 年 8 月 1 日—8 月 16 日

主办城市： 德国（Germany）·柏林（Berlin）

参加国家和地区： 49 个

参赛运动员： 3963 人，其中女性 331 人

竞赛项目： 129 项

1932 年，国际奥委会选择柏林为第 11 届奥运会的举办城市。1933 年，法西斯在德国上台执政后，一些进步的运动员和体育组织要求把奥运会改在其他国家举行，全世界也响起了一片抗议之声，要求取消在柏林举行的奥运会，但这些抗议并未受到国际奥委会的重视。德国政府花费了大量的金钱来建设体育场馆和设施，为了举行隆重的开幕式，还铸造了高 3 米、重 10 吨的奥林匹克钟。1934 年，国际奥委会雅典会议决定在奥运会期间，从开幕日起至闭幕式止，在主体育场燃烧奥林匹克圣火，火种必须来自奥林匹亚，采取火炬接力方式从奥林匹亚传到主办国。

本届奥运会共有来自 49 个国家和地区的运动员参加了比赛，共产生了 422 枚奖牌。大会授予各项比赛冠军的奖品除一枚金牌外，还有一盆枝繁叶茂的橄榄树盆景，这也是橄榄树最后一次被用作奥运会奖品。最终东道主德国以主办国的有利条件，位列奖牌榜首位；美国和匈牙利分别排名第二、第三位。

1936 年第 11 届夏季奥运会奖牌榜

名次	国家或地区	金牌	银牌	铜牌
1	德国	38	31	32
2	美国	24	21	12
3	匈牙利	10	1	5

续表

名次	国家或地区	金牌	银牌	铜牌
4	意大利	9	13	5
5	芬兰	8	6	6
6	法国	7	6	6
7	瑞典	6	5	10
8	日本	6	4	10
9	荷兰	6	4	7
10	奥地利	5	7	5
11	瑞士	4	9	5
12	英国	4	7	3
13	捷克斯洛伐克	3	5	1
14	阿根廷	2	2	3
15	爱沙尼亚	2	2	3
16	埃及	2	1	2
17	加拿大	1	3	5
18	挪威	1	3	2
19	土耳其	1	–	1
20	印度	1	–	–
21	新西兰	1	–	–
22	波兰	–	4	5
23	丹麦	–	2	3
24	拉脱维亚	–	1	1
25	南斯拉夫	–	1	–
26	南非	–	1	–
27	罗马尼亚	–	1	–
28	墨西哥	–	–	3
29	比利时	–	–	3
30	澳大利亚	–	–	1
31	菲律宾	–	–	1
32	葡萄牙	–	–	1

*数据来源于https://olympics.com/en/olympic–games/berlin–1936/medals（2021–5–8）

【奥运奖牌】

柏林奥运会的奖牌保留了1928年夏季奥运会朱则佩·卡西奥里设计的传统图案，只是更改了奥运会举办的时间和地点：XI OLYMPIADE BERLIN 1936（第11届奥运会，柏林，1936年）。

【参与奖章】

1936年柏林奥运会参与奖章正面是5名运动员象征着五大洲，他们拉着奥林匹克的缆绳，背面是以几个同心圆为背景的突起的钟，钟上有一个抓着奥林匹克五环的普鲁士鹰。分为巧克力色、黑色、绿色和红色，材质均为铜质。参与奖章直径约为70mm。

【奥运记忆】

★中国足球队首次参加奥运比赛

1936年柏林奥运会中国派出了由140多人组成的代表团，代表团中有

69 名运动员，参加了田径、游泳、举重、拳击、自行车、篮球、足球 7 个项目的比赛。中国奥运代表团领队为王正廷，马约翰为总教练。当时南京国民政府因财政困难无力支付参赛费用，中华全国体育协进会通过在全国“化缘”，筹集了部分资金。最后，中华全国体育协进会决定：足球队自筹资金，提前两个月到东南亚各国进行表演赛，以门票收入作为参加奥运会的费用。从 1936 年 4 月 16 日到 7 月 8 日之间，中国队居然踢了多达 27 场比赛，全部获胜，只平了 4 场。他们从上海出发，转战越南、新加坡、印度尼西亚、缅甸、泰国。他们每到一处，每一场比赛，都有大量华侨观战。中华民族以往被洋人讥为“东亚病夫”，如今看到中国足球队所向披靡，大振国威，华侨欣喜若狂。最终中国足球队抵达了德国柏林。

★中国唯一取得复赛权的运动员

1936 年柏林奥运会上撑杆跳高运动员符保卢跳过 3.80 米，取得复赛权，这也是本届奥运会上中国唯一取得复赛权的选手。可是中国代表团由于经费紧张，连一副竹竿都没有配备，符保卢每次试跳时都要向日本选手借用一支只有 4.15 米的旧竹竿。符保卢在冲击 4 米这一高度时未能成功，位列第 17 名。

撑杆跳高名将符保卢在 1936 年柏林奥运会上比赛的场景

第 12、第 13 届夏季奥林匹克运动会

——未举办

1937 年 7 月 7 日，日本悍然发动了侵略中国的卢沟桥事变。翌年 7 月，国际奥委会于开罗举行会议，中国奥委会代表抗议日本侵略中国、破坏世界和平、违反奥林匹克精神，并要求剥夺日本东京、札幌两市夏季与冬季奥运会主办权。随后，国际奥委会决定将夏季奥运会会址改在赫尔辛基，会期定在1940年7月20日至8月4日。1939年9月，第二次世界大战全面爆发，芬兰也卷入战争。1940年1月1日，芬兰奥委会通知国际奥委会，芬兰放弃第12届夏奥会的主办权。随后战火遍及欧洲及世界各地，第12届夏奥会就这样被战火毁掉了。

1944 年要举办的第 13 届奥运会同第 12 届奥运会一样是没有真正举办的一届奥运会。“二战”（第二次世界大战的简称）初期，国际奥委会还选定了第 13 届奥运会举办地。申请举办这届奥运会的有伦敦、雅典、布达佩斯、底特律、洛桑和蒙特利尔6个城市。1939年7月在伦敦召开国际奥委会年会，决定第 13 届奥运会在英国伦敦举行，但因“二战”正在激烈进行，此届奥运会未举办。

第 14 届夏季奥林匹克运动会

——英国 · 伦敦 · 1948

会　　期： 1948 年 7 月 29 日—8 月 14 日

主办城市： 英国（Great British）· 伦敦（London）

参加国家和地区： 59 个

参赛运动员： 4104 人，其中女性 390 人

竞赛项目： 136 项

第二次世界大战结束后，1946 年伦敦再次被选为奥运会的举办地。1948 年 7 月 29 日，奥林匹克圣火在曾遭受了战争巨大破坏的英国首都再次点燃，这是因第二次世界大战中断了 12 年后举行的首届奥运会，也是奥林匹克运动的新起点。本届奥运会参赛国家和地区达到 59 个，参赛人数也创下历届奥运会的新高。德国与日本因系第二次世界大战策源地，被剥夺了这届奥运会的参赛资格。本届比赛共产生了 443 枚奖牌。美国、瑞典和法国分列奖牌榜前三位。

1948 年第 14 届夏季奥运会奖牌榜

名次	国家或地区	金牌	银牌	铜牌
1	美国	38	27	19
2	瑞典	17	11	18
3	法国	11	6	15
4	匈牙利	10	5	13
5	芬兰	10	8	6
6	意大利	9	12	10
7	土耳其	6	4	2
8	捷克斯洛伐克	6	2	3
9	瑞士	5	12	6
10	丹麦	5	8	9

续表

名次	国家或地区	金牌	银牌	铜牌
11	荷兰	5	2	9
12	英国	4	16	7
13	阿根廷	3	3	1
14	澳大利亚	2	6	5
15	奥地利	2	2	4
16	比利时	2	2	3
17	南非	2	2	2
18	埃及	2	2	1
19	墨西哥	2	1	2
20	挪威	1	3	3
21	牙买加	1	2	–
22	波兰	1	–	1
23	印度	1	–	–
24	秘鲁	1	–	–
25	加拿大	–	2	2
26	南斯拉夫	–	2	–
27	葡萄牙	–	1	1
28	乌拉圭	–	1	1
29	古巴	–	1	–
30	斯里兰卡	–	1	–
31	西班牙	–	1	–
32	特立尼达和多巴哥	–	1	–
33	韩国	–	–	2
34	巴拿马	–	–	2
35	爱尔兰	–	–	1
36	波多黎各	–	–	1
37	伊朗	–	–	1
38	巴西	–	–	1

*数据来源于https://olympics.com/en/olympic-games/london-1948/medals（2021-5-8）

【奥运奖牌】

1948 年伦敦奥运会奖牌的图案与前 3 届奥运会的基本没有什么区别，只是上面标明的奥运会举办时间和地点不同而已：XIVTH OLYMPIAD LONDON 1948（第14届奥运会，伦敦，1948年）。

【参与奖章】

1948 年伦敦奥运会参与奖章正面是马车和驾驭者，右边站着准备给获胜运动员授予胜利棕榈的裁判员。背面为伦敦城市景象和奥运五环和文字。直径约为 50mm。

【奥运记忆】

★奥林匹克运动的新起点

1908 年伦敦曾主办第 4 届夏季奥运会。40 年后，世界选手又再次在这里聚会。第二次世界大战后，不少国家摆脱了殖民统治。它们虽来不及派训练有素的选手参赛，但纷纷应邀参加了这次盛会。本届参赛国家和地区达 59 个，这是一个创纪录的数字。不过，因为战争使体育运动受到影响，一些有才华的选手年纪已大，而年轻运动员又未经过系统的训练，所以总体竞技水平不高，大会仅破了 4 项世界纪录，这在奥运史上是少见的。1948 年伦敦奥运会也是首次有电视转播的一届奥运会，尽管在英国实际上很少人有自己的电视机。中国在这届奥运会上派出了 33 名男运动员参加了篮球、足球和田径等5个项目的比赛，但未能取得正式名次。

参加第 14 届奥运会的中国足球队

第 15 届夏季奥林匹克运动会

——芬兰·赫尔辛基·1952

会　　期： 1952 年 7 月 19 日—8 月 3 日

主办城市： 芬兰（Finland）·赫尔辛基（Helsinki）

参加国家和地区： 69 个

参赛运动员： 4955 人，其中女性 519 人

竞赛项目： 149 项

第 15 届奥运会在芬兰首都赫尔辛基举行，在这届奥运会上，苏联运动员首次登上奥林匹克舞台。本届奥运会总共有 69 个国家和地区的 4955 名运动员参加了比赛，共产生了 459 枚金牌。最终，美国以 40 枚金牌、19 枚银牌、17 枚铜牌的战果位居奖牌榜首位，苏联居第二，匈牙利居第三。从这届奥运会开始，进入了美国、苏联两个体育强国抗衡的年代。

1952 年第 15 届夏季奥运会奖牌榜

名次	国家或地区	金牌	银牌	铜牌
1	美国	40	19	17
2	苏联	22	30	19
3	匈牙利	16	10	16
4	瑞典	12	13	10
5	意大利	8	9	4
6	捷克斯洛伐克	7	3	3
7	法国	6	6	6
8	芬兰	6	3	13
9	澳大利亚	6	2	3
10	挪威	3	2	–
11	瑞士	2	6	6

续表

名次	国家或地区	金牌	银牌	铜牌
12	南非	2	4	4
13	牙买加	2	3	–
14	比利时	2	2	–
15	丹麦	2	1	3
16	土耳其	2	–	1
17	日本	1	6	2
18	英国	1	2	8
19	阿根廷	1	2	2
20	波兰	1	2	1
21	加拿大	1	2	–
22	南斯拉夫	1	2	–
23	罗马尼亚	1	1	2
24	新西兰	1	–	2
25	巴西	1	–	2
26	印度	1	–	1
27	卢森堡	1	–	–
28	德国	–	7	17
29	荷兰	–	5	–
30	伊朗	–	3	4
31	智利	–	2	–
32	奥地利	–	1	1
33	黎巴嫩	–	1	1
34	墨西哥	–	1	–
35	爱尔兰	–	1	–
36	西班牙	–	1	–
37	韩国	–	–	2
38	特立尼达和多巴哥	–	–	2
39	乌拉圭	–	–	2

续表

名次	国家或地区	金牌	银牌	铜牌
40	委内瑞拉	–	–	1
41	葡萄牙	–	–	1
42	保加利亚	–	–	1
43	埃及	–	–	1

*数据来源于https //olympics.com/en/olympic-games/helsinki-1952/medals（2021-5-8）

【奥运奖牌】

1952 年赫尔辛基奥运会奖牌依然根据卡西奥里设计的图案制作，只是由芬兰艺术家图赫卡对上面的文字进行了改动：XV OLYMPIA HELSINKI 1952（第 15 届奥运会，赫尔辛基，1952 年）。奖牌包括金牌（镀金银质）、银牌和铜牌。

【参与奖章】

1952年赫尔辛基奥运会参与奖章正面为头戴桂冠的运动员头像，背景是奥林匹克体育场。背面为男女运动员分别手持火炬面向左边，下面是五环标志。直径约为54mm。

【奥运记忆】

★被称为“人类火车头”的捷克运动员埃米尔·扎托佩克

在1952年赫尔辛基奥运会上，捷克斯洛伐克运动员埃米尔·扎托佩克先后夺得了5000米、10000米和马拉松跑3个项目的金牌，是本届奥运会田径赛事中获金牌最多的运动员，被称为“人类火车头”。埃米尔·扎托佩克的妻子丹娜·扎托佩科娃也在生日当天荣登女子标枪冠军台，成就了体坛的一段佳话。

★中华人民共和国成立以来参加的首届奥运会

中华人民共和国成立之后，原中华全国体育协进会改为中华全国体育总会，并行使中国奥委会的权利。但在本届奥运会之前，新的中国奥委会未得到国际奥委会的承认。由于已与新中国建立外交关系的芬兰政府及其他友好国家的努力，新中国在本届奥运会开幕前的国际奥委会第48届年会上终于取得了参加本届奥运会的资格。中国代表团一行40人赶到赫尔辛基时，大会已进行了10天，故而只赶上男子游泳的1项比赛和最后的闭幕式。

1952年新中国派团参加在赫尔辛基举行的第15届奥运会，五星红旗第一次在奥运村升起

★全国体育工作者代表大会召开

1949 年 10 月，中华人民共和国中央人民政府刚刚成立，就组织召开了全国体育工作者代表大会。在此次大会上提出了建设“民族的、科学的、大众的 ”新体育的号召，提出“要为人民的健康、新民主主义的建设和人民的国防而发展体育”，从而明确了新中国体育的性质和任务。1952 年 6 月 10 日，毛泽东发表了“发展体育运动，增强人民体质”的题词，指明了中国体育的方向，为中国体育事业的发展奠定了重要的思想基础。

★首都体育学院校友父亲作为中国代表团旗手参加奥运会

张长禄，首都体育学院校友张寒松的父亲，第 15 届奥运会中国代表队成员之一，1999 年被选为新中国篮球运动员 50 杰之一，每每提到当运动员难忘的事情时，就会激动地回忆道：在第 15 届奥运会上，他作为中国代表团旗手在闭幕式上首次升起五星红旗时，全场响起雷鸣般的掌声。他说：“那时中国台北退出了奥运会，中华人民共和国的五星红旗首次高高飘扬在奥运会的上空，中国人民站起来了。我作为一个中国人感到十分自豪。”

第3篇

迈向成熟

第二次世界大战后，国际局势发生了深刻的变化，两大阵营对抗、冷战格局形成、亚非拉民族解放运动风起云涌……世界的新格局在使奥运会发展面临严峻考验的同时，也促进了奥林匹克运动的发展，为奥林匹克运动走向成熟奠定了基础。在这一时期，夏季奥运会的规模不断扩大，奥运会的场馆设施也向着大型化、科学化和艺术化的方向发展。以奥运会为代表的奥林匹克形成了自己的特色文化，奥林匹克运动与艺术结合更加多样化，但是在奥运会的举办过程中，出现了诸如政治斗争的介入、兴奋剂的服用以及财政问题的影响等许多不和谐音符，这一切都表明奥林匹克运动发展的道路是不平坦的，它还要经历很多的风雨。

第 16 届夏季奥林匹克运动会

——澳大利亚·墨尔本·1956

瑞典·斯德哥尔摩（马术项目）

会　　期： 1956 年 11 月 22 日—12 月 8 日

主办城市： 澳大利亚（Australia）·墨尔本（Melbourne）；瑞典（Sweden）·斯德哥尔摩（Stockholm）

参加国家和地区： 72 个

参赛运动员： 3314 人，其中女性 376 人

竞赛项目： 151 项

1956 年的墨尔本奥运会是奥运会举办地有史以来第一次离开欧美两大洲，会期原定在 1956 年 2 月，后改在 11 月底至 12 月，成为举办时间最晚的一届奥运会。本届奥运会因牲口入境检疫问题，马术比赛改在瑞典斯德哥尔摩举行，成为奥运会史上唯一分在两个洲举办的奥运会。在火炬传递活动中，取自奥林匹亚的火种首次利用飞机传递，行程共 2 万多公里。来自 72 个国家和地区的运动员参加了比赛，共产生 450 枚奖牌。苏联代表团首次以 37 金、29 银、32 铜共 98 枚奖牌位居奖牌榜首位，美国位居第二，东道主澳大利亚第三。因为国际关系问题，中国宣布不参加此届奥运会。

1956 年第 16 届夏季奥运会奖牌榜

名次	国家或地区	金牌	银牌	铜牌
1	苏联	37	29	32
2	美国	32	25	17
3	澳大利亚	13	8	14
4	匈牙利	9	10	7
5	意大利	8	6	8
6	英国	5	7	9
7	瑞典	5	5	6

续表

名次	国家或地区	金牌	银牌	铜牌
8	罗马尼亚	5	3	5
9	德国	4	10	6
10	日本	4	10	5
11	法国	4	4	6
12	土耳其	3	2	2
13	芬兰	3	1	11
14	伊朗	2	2	1
15	加拿大	2	1	2
16	新西兰	2	–	–
17	波兰	1	4	4
18	捷克斯洛伐克	1	4	1
19	保加利亚	1	3	1
20	爱尔兰	1	1	3
21	丹麦	1	1	1
22	挪威	1	–	2
23	墨西哥	1	–	1
24	印度	1	–	–
25	巴西	1	–	–
26	南斯拉夫	–	3	–
27	智利	–	2	2
28	比利时	–	2	–
29	阿根廷	–	1	1
30	韩国	–	1	1
31	巴基斯坦	–	1	–
32	冰岛	–	1	–
33	南非	–	–	4
34	奥地利	–	–	2
35	乌拉圭	–	–	1

续表

名次	国家或地区	金牌	银牌	铜牌
36	希腊	–	–	1
37	巴哈马	–	–	1

*数据来源于https://olympics.com/en/olympic-games/melbourne-1956/medals（2021-5-8）

【奥运奖牌】

由于第16届夏季奥运会在墨尔本和斯德哥尔摩两个地方举行，所以奖牌的设计也不一样。墨尔本的奖牌依然保留了传统样式，只是更改了奥运会举办的地点和时间：MELBOURNE 1956（墨尔本，1956年）。在斯德哥尔摩参加奥运会马术比赛的运动员有专门制作的奖牌。奖牌的正面是一名身披战袍坐在马上的骑士。沿着奖牌边缘排列着“第16届奥运会马术比赛，斯德哥尔摩，1956年”的瑞典文。奖牌的背面以希腊文“奥林匹克”为背景，表现的是火炬和奥运五环，边缘上是“奥林匹克运动会　更快，更高，更强”的瑞典文。奖牌由约翰·斯奥斯沃德设计。

【参与奖章】

1956年墨尔本奥运会参与奖章正面是运动员追随在奥林匹克旗的旗手行进并成圆形排列，中间是奥林匹克格言。背面是奥林匹克五环与墨尔本市市徽。上述参与奖章是颁发给在澳大利亚本土比赛项目的运动员，与颁发给在斯德哥尔摩进行马术比赛的参与奖章不同。参与奖章直径约为63mm。

【奥运记忆】

★与众不同的奥运会闭幕式

在1956年墨尔本奥运会之前，各国参加闭幕式的选手仍需列队进入，就和他们在开幕式时一样。本届奥运会闭幕时大部分比赛完毕的代表团都已先行回国，余下的选手不多。为使闭幕式进行得紧凑而热烈，澳籍华裔选手John Ian Wing建议：运动员入场打破国家顺序，不分国籍携手进入体育场。这届奥运会的闭幕式比以往任何一届都温馨感人，这种革新打破了国际间的生疏，象征着人类的合作与和平，得到了大众的认可，也为日后其他各届奥运会所仿效。

★“金牌姑娘”卡思伯特

在1956年墨尔本奥运会上，澳大利亚田径选手卡思伯特赢得了100米和200米个人田径短跑比赛的冠军，紧接着又在4×100米接力比赛中夺得第3块金牌。18岁的她被澳大利亚的父老们赞誉为民族英雄，并且被戏称为“金牌姑娘”。在后来的1964年东京奥运会上，卡思伯特又取得了400米短跑的冠军，赛后，她笑称这是她一生中最完美的一场比赛。卡思伯特是奥运会田径场上唯一的100米、200米、400米短跑的三料冠军。

★中国第一个打破世界纪录的运动员陈镜开

1956年6月7日，在中国人民解放军和上海市联队与苏联举重队的友谊赛上，陈镜开以133公斤的优异成绩，打破了美国运动员温奇保持的132.5公斤的最轻量级挺举世界纪录，从而成为中国第一个打破世界纪录的运动员。1656年至1964年，陈镜开曾9次打破世界纪录，成为那个时期名副其实的“世界纪录保持者”。陈镜开曾5次获得国家体育运动荣誉奖章，荣立特等功一次、一等功两次，记功一次，并被推选为第二、第三、第四、第五届全国人大代表。1987年，国际奥委会授予陈镜开奥林匹克银质勋章，这是中国运动员第一次获此殊荣。

【首体院风采】

★北京体育学校成立

1956年，北京体育学校成立。在《新体育》1956年第21期“到奥林匹克运动会去”专号，刊登了一篇报道“培养体育师资的新学校”。

北京体育学校是首都体育学院的前身，1960年改建为北京体育师范学院，1962年并入北京师范学院，1979年恢复北京体育师范学院，2000年更名为首都体育学院。

《新体育》1956年第21期“到奥林匹克运动会去”专号

第 17 届夏季奥林匹克运动会

——意大利·罗马·1960

会　　期：1960 年 8 月 25 日—9 月 11 日

主办城市：意大利（Italy）·罗马（Rome）

参加国家和地区：83 个

参赛运动员：5338 人，其中女性 611 人

竞赛项目：150 项

1960 年，意大利首都罗马第一次举办奥运会，即第 17 届夏季奥运会。在开幕式前，罗马奥委会举行了大规模的火炬接力。在希腊古代奥运会遗址取得火种后，经由海路送到意大利的西西里岛，火炬队途经意大利各地，最后到达罗马。本届奥运会共有 83 个国家和地区应邀参赛，共产生 461 枚奖牌。最终，前苏联以金牌 43 枚、银牌 29 枚、铜牌 31 枚的成绩成功卫冕；美国居第二；东道主意大利居第三，取得了奥运史上最佳战绩。由于国际关系问题，中国未参加此届奥运会。

1960 年第 17 届夏季奥运会奖牌榜

名次	国家或地区	金牌	银牌	铜牌
1	苏联	43	29	31
2	美国	34	21	16
3	意大利	13	10	13
4	德国	12	19	11
5	澳大利亚	8	8	6
6	土耳其	7	2	–
7	匈牙利	6	8	7
8	日本	4	7	7
9	波兰	4	6	11

续表

名次	国家或地区	金牌	银牌	铜牌
10	捷克斯洛伐克	3	2	3
11	罗马尼亚	3	1	6
12	英国	2	6	12
13	丹麦	2	3	1
14	新西兰	2	–	1
15	保加利亚	1	3	3
16	瑞典	1	2	3
17	芬兰	1	1	3
18	南斯拉夫	1	1	–
19	奥地利	1	1	–
20	巴基斯坦	1	–	1
21	挪威	1	–	–
22	希腊	1	–	–
23	埃塞俄比亚	1	–	–
24	瑞士	–	3	3
25	法国	–	2	3
26	比利时	–	2	2
27	伊朗	–	1	3
28	南非	–	1	2
29	荷兰	–	1	2
30	阿联共和国	–	1	1
31	阿根廷	–	1	1
32	新加坡	–	1	–
33	葡萄牙	–	1	–
34	中国台北	–	1	–
35	加拿大	–	1	–
36	摩洛哥	–	1	–

续表

名次	国家或地区	金牌	银牌	铜牌
37	印度	–	1	–
38	加纳	–	1	–
39	巴西	–	–	2
40	西印度群岛	–	–	2
41	墨西哥	–	–	1
42	西班牙	–	–	1
43	委内瑞拉	–	–	1
44	伊拉克	–	–	1

*数据来源于https://olympics.com/en/olympic-games/rome-1960/medals（2021-5-8）

【奥运奖牌】

1960 年罗马奥运会奖牌设计依然保持传统风格。最初，许多意大利人对此持批评态度，要求进行修改。但在东京召开的国际奥委会第 54 届会议上，国际奥委会决定本届奥运会的奖牌不加任何修改地保留以前的图案。其变化是：奖牌系在一条像橄榄枝一样的铜链上，奖牌外围加了一个由橄榄枝图案构成的圆环。此类奖牌只许发给取得个人项目奖牌的运动员。获得集体项目奖牌的运动员得到的是一般的奖牌，也就是没有铜链和圆环的那种。

【参与奖章】

1960年罗马奥运会参与奖章正面为裸体的女性火炬手以及奥林匹克五环图案。背面为成群的鹰翱翔在罗马体育场上空。直径约为55mm。

【奥运记忆】

★古今两届奥运会不可同日而语

2600年前，罗马帝国以征服者的姿态，将古代奥运会从希腊奥林匹亚强行移到罗马举行。1908年，罗马曾获得第4届奥运会主办权。可是由于经济等原因，后来不得不由伦敦接办。这次罗马历尽险阻，战胜众多对手，赢得了第17届奥林匹克运动会承办权。在放弃奥运会主办权54年后，罗马终于成为奥运会的主办城市。罗马把自己富有戏剧性的历史利用到了极致，摔跤比赛是在2000年前举行角斗的旧址马克辛奇巴西利卡举行的。本届奥运会利用的其他古迹还有卡拉卡拉大浴场（体操比赛）以及君士坦丁凯旋门（马拉松比赛的终点）。

★首次跨洲奥运会电视实况转播

1936年柏林奥运会首次进行了跨洲的电视实况转播。电视实况转播从1936年柏林奥运会开始，当时只是地区性的。1956年墨尔本奥运会的转播方法是借助英国国家广播公司（BBC）的技术，将事先拍摄的纪录片进行编辑制作，再转播给欧洲各国，既不能跨越大洲，又失去了新闻的实效性。通讯卫星的出现，使电视能进行跨洲的实况转播，美国哥伦比亚广播公司曾在1960年初以5万美元买下第8届冬奥会的转播权，并成功地进行了实况转播，收到了较好的效果。这次又以 39.4 万美元买下罗马奥运会的转播权，转播也很成功，大大推动了奥运会的普及，扩大了奥运会的影响，使奥运会的发展有了划时代的进步。

★中国运动员攀上了世界最高峰

20 世纪 50 年代，中国体育发展逐步走向国际化。1959 年 3 月，容国团代表中国参加在联邦德国多特蒙德举行的第 25 届世界乒乓球锦标赛。在男子单打比赛中，他先后击败美国的R.迈尔斯、匈牙利的L.别尔切克和F.西多等名将，夺得了男子单打冠军。1961 年 4 月，在北京举行的第 26 届世界乒乓球锦标赛上，他和队友共同努力，摘下了男子团体桂冠。中国人不仅攀上了乒乓球运动的高峰，还于 1960 年登上了世界第一高峰珠穆朗玛峰。1960 年，中国登山队胜利登上海拔 8848 米的珠穆朗玛峰，这是人类历史上第一次从北坡登上世界第一高峰。年轻的中国登山队队员——王富洲、贡布（藏族）、屈银华，在顶峰暑期红色测量觇标，经 3 天观测，精确计算出珠穆朗玛峰海拔高度为 8848.13 米。他们只用了两个月的时间，就从西方登山界一直认为是“无法超越”的北坡登到它的顶峰，并将五星红旗插上了这座世界最高峰。

第 18 届夏季奥林匹克运动会

——日本·东京·1964

会　　期： 1964 年 10 月 10 日—10 月 24 日

主办城市： 日本（Japan）·东京（Tokyo）

参加国家和地区： 93 个

参赛运动员： 5151 人，其中女性 678 人

竞赛项目： 163 项

1964 年东京奥运会是首次在亚洲举行的奥运会，规模也是空前的。1964 年正值现代奥林匹克运动复兴 70 周年，东道主日本举行了盛大的火炬接力活动。本届奥运会共有 93 个国家和地区的运动员参赛，共产生了 504 枚奖牌。自 1952 年苏联首次参加奥运会以来，奥运会一直是美国、苏联争霸的战场。但此次苏联战绩不佳，美国以 36 枚金牌的优势，12 年来首次登顶金牌榜首。凭借主办国的身份，日本运动员在奖牌榜首次进入世界前三甲。另外，在本届奥运会上美国发射了“辛科姆”卫星，向世界各地转播比赛，这在奥运史上还是第一次。由于国际关系问题，中国未参加此届奥运会。

1964 年第 18 届夏季奥运会奖牌榜

名次	国家或地区	金牌	银牌	铜牌
1	美国	36	26	28
2	苏联	30	31	35
3	日本	16	5	8
4	德国	10	22	18
5	意大利	10	10	7
6	匈牙利	10	7	5
7	波兰	7	6	10

续表

名次	国家或地区	金牌	银牌	铜牌
8	澳大利亚	6	2	10
9	捷克斯洛伐克	5	6	3
10	英国	4	12	2
11	保加利亚	3	5	2
12	芬兰	3	–	2
13	新西兰	3	–	2
14	罗马尼亚	2	4	6
15	荷兰	2	4	4
16	土耳其	2	3	1
17	瑞典	2	2	4
18	丹麦	2	1	3
19	南斯拉夫	2	1	2
20	比利时	2	0	1
21	法国	1	8	6
22	加拿大	1	2	1
23	瑞士	1	2	1
24	埃塞俄比亚	1	–	–
25	巴哈马	1	–	–
26	印度	1	–	–
27	韩国	–	2	1
28	特立尼达和多巴哥	–	1	2
29	突尼斯	–	1	1
30	巴基斯坦	–	1	–
31	菲律宾	–	1	–
32	阿根廷	–	1	–
33	古巴	–	1	–
34	伊朗	–	–	2

续表

名次	国家或地区	金牌	银牌	铜牌
35	爱尔兰	–	–	1
36	加纳	–	–	1
37	巴西	–	–	1
38	肯尼亚	–	–	1
39	墨西哥	–	–	1
40	尼日利亚	–	–	1
41	乌拉圭	–	–	1

*数据来源于https://olympics.com/en/olympic-games/tokyo-1964/medals（2021-5-8）

【奥运奖牌】

1964年东京奥运会奖牌沿袭了1928年夏季奥运会奖牌的传统风格，只是改动了奖牌正面右上部的5行文字。另外，奖牌还标出了运动项目名称，如“XVIII OLYMPIAD TOKYO 1964 GYMNASTICS”（第18届奥运会，东京，1964年，体操）。奖牌在设计上新增的部分是一个可以拆卸的用同样金属制成的圆环，通过这个圆环可以穿入一条带有奥林匹克五色彩条的白色绸带。奖牌直径6cm。正面有“日本铸币局”的字样。奖牌背面有“T.K.”字样。本届奥运会奖牌分别由镀金白银、白银和青铜模压制成。

【参与奖章】

1964年东京奥运会参与奖章正面为抽象化的运动员，其中三名跑步选手面向右，橄榄枝上有一名游泳选手。背面为奥林匹克五环图案和英文与日文。直径约为60mm。

【奥运记忆】

★首次在亚洲举办的奥运会

早在20世纪20年代，日本东京就被选为第12届奥运会的举办地，然而由于战争。国际奥委会决定将夏季奥运会会址改在赫尔辛基。战后日本试图申办第17届奥运会，但输给了意大利罗马。第18届奥运会东京再次申办，最终成功击败比利时布鲁塞尔、奥地利维也纳、阿根廷布宜诺斯艾利斯和美国底特律成为亚洲第一个主办奥运会的国家。把奥运会从一场体育赛事，变成凝聚全国意志、展示国家形象、带动经济社会发展、推广本国文化的盛事，始于1964年东京奥运会。为了办好这届奥运会，日本也发挥了集中力量办大事的精神，通过“举国一致之体制”，动员全民参与进来，大搞基础设施和公共工程建设，修建奥运场馆和相关配套设施，推广公共文明，展示日本传统文化，由此推动了日本的制造业、建筑业、运输、服务、电子通信、体育、旅游休闲以及文化产业的发展。世界上第一个商业高速铁路——东海道新干线在奥运会开幕前几天正式开通，首都快速路和东京地下铁系统也因奥运会而大大扩展。同时，日本投入30亿美元建设体育场馆，建成了著名的东京国家竞技体育中心和武道馆等体育设施。

★罗伯特·海思的百米纪录

在 1964 年东京奥运会田径男子 100 米预赛中，美国运动员罗伯特·海思跑出了 9.9 秒的成绩，超越了世界纪录，但可惜的是，因为超过风速，他的成绩并未被承认为新纪录。不过，他在决赛中又以 10 秒整的成绩获得冠军，平了世界纪录。

★中国女排的腾飞之始

20 世纪 60 年代，日本女排在大松博文教练带领下迅速崛起，引起全世界的关注。1964 年 1 月 24 日，周恩来总理观看了日本队在北京的比赛后，第二天又到现场观摩日本女排的训练课，从下午 5 时一直看到 8 时。在观摩中，他与中国教练员、运动员进行倾心交谈，提出许多富有启发性的问题，也提出许多有指导性的建议。他要求中国教练员学习大松那种严格的精神。当时提出来的“三从”（从难、从严和从实战出发）方针，至今为体育界所遵循。根据周恩来总理的指示，国家体委于 1964 年底在上海召开全国训练工作现场会，一边参观、学习大松博文的训练方法，一边找差距，研究中国排球训练的新路子，为十几年后女排的腾飞奠定了基础。

第 19 届夏季奥林匹克运动会

——墨西哥·墨西哥城·1968

会　　期： 1968 年 10 月 12 日—10 月 27 日

主办城市： 墨西哥（Mexico）·墨西哥城（Mexico City）

参加国家和地区： 112 个

参赛运动员： 5516 人，其中女性 781 人

竞赛项目： 172 项

选择墨西哥城为第 19 届奥运会主办城市是一个颇具争议的决定，因为这座城市海拔高达 2300 米，空气含氧量低，高原气候对参赛运动员是极大的挑战。尽管在举办奥运会前有争论，但第 19 届奥运会仍然成了世界体育史上的一个重大事件。这是奥运会有史以来第一次在拉丁美洲举办，当时最新技术的运用使得世界各大洲共有 5 亿人成功通过电视转播观看了奥运会比赛。1968 年墨西哥城奥运会开幕当天也是哥伦布发现新大陆 476 周年（1492 年 10 月 12 日）的纪念日。在开幕式上，点燃奥林匹克圣火的荣誉首次被赋予女性——20 岁的墨西哥女田径选手诺玛·恩里克塔·巴西利奥·德索克罗。本届奥运会共有 112 个国家和地区应邀参赛，这是奥运会历史上参赛国家和地区首次突破 100 个，共产生奖牌 527 枚。最终美国获得金牌 45 枚、银牌 28 枚、铜牌 34 枚，位居榜首；苏联居第二位，第一次在金牌和总分上都输给了美国；日本居第三位。由于国际关系问题，中国未参加此届奥运会。

1968 年第 19 届夏季奥运会奖牌榜

名次	国家或地区	金牌	银牌	铜牌
1	美国	45	28	34
2	苏联	29	32	30
3	日本	11	7	7

续表

名次	国家或地区	金牌	银牌	铜牌
4	匈牙利	10	10	12
5	民主德国	9	9	7
6	法国	7	3	5
7	捷克斯洛伐克	7	2	4
8	联邦德国	5	11	10
9	澳大利亚	5	7	5
10	英国	5	5	3
11	波兰	5	2	11
12	罗马尼亚	4	6	5
13	意大利	3	4	9
14	肯尼亚	3	4	2
15	墨西哥	3	3	3
16	南斯拉夫	3	3	2
17	荷兰	3	3	1
18	保加利亚	2	4	3
19	伊朗	2	1	2
20	瑞典	2	1	1
21	土耳其	2	–	–
22	丹麦	1	4	3
23	加拿大	1	3	1
24	芬兰	1	2	1
25	埃塞俄比亚	1	1	–
26	挪威	1	1	–
27	新西兰	1	–	2
28	突尼斯	1	–	1
29	委内瑞拉	1	–	–
30	巴基斯坦	1	–	–
31	古巴	–	4	–

续表

名次	国家或地区	金牌	银牌	铜牌
32	奥地利	–	2	2
33	瑞士	–	1	4
34	蒙古	–	1	3
35	巴西	–	1	2
36	比利时	–	1	1
37	韩国	–	1	1
38	乌干达	–	1	1
39	牙买加	–	1	–
40	喀麦隆	–	1	–
41	阿根廷	–	–	2
42	希腊	–	–	1
43	印度	–	–	1
44	中国台北	–	–	1

*数据来源于https://olympics.com/en/olympic-games/mexico-city-1968/medals（2021-5-8）

【奥运奖牌】

1968 年墨西哥城奥运会奖牌的设计在保持传统风格的基础上出现了一些新的变化，加了一个吊环，上面挂着一个金属牌，金属牌上还系着一条宽 20mm的丝带，不同比赛项目，其色调有所变化。金属牌正面是图示的

运动项目，背面是体育运动的名称。奖牌正面的文字为“XIX OLIMPIADA MEXICO 1968”（第 19 届奥运会，墨西哥城，1968 年）。奥运会奖牌为模压制成，分为镀金银牌、银牌和铜牌，直径 60mm。

【参与奖章】

1968 年墨西哥城奥运会参与奖章是方形的，正面为被本届奥运会会徽隔开的奥林匹克运动形象图案。背面为墨西哥文字“1968 年奥运会”。尺寸约为 5cm × 5cm。

【奥运记忆】

★李 · 伊万斯创下 400 米世界纪录

在 1968 年墨西哥城奥运会上美国选手李 · 伊万斯在 400 米比赛中跑出了 43 秒 8 的成绩，创下世界纪录，这项纪录直到 20 年后才被他的同胞雷诺兹打破，成为世界田径纪录中少有的几个“长寿纪录”之一。

★奥运会首次进行性别和兴奋剂检查

在 1968 年墨西哥城奥运会上第一次正式进行了性别和兴奋剂检查。在性别检测中，全部女性运动员都取得了参赛资格，但在兴奋剂检查中却发生了两起违规事件，保加利亚的一名古典式摔跤运动员和瑞典队参加现代五项团体比赛的运动员在检查中被检出服用兴奋剂类药物，他们的获奖名次最终被取消。

第4篇

曲折发展

20 世纪 60 年代末，复杂多变的国际形势影响了奥林匹克运动。随着国际形势的变化，政治对奥林匹克运动的影响进入了一个新阶段。1972 年慕尼黑奥运会上轰动全球的“黑九月”事件给象征着友谊、和平的奥运会蒙上了阴影，使奥运会竞技场转变成了战场。1980 年的莫斯科奥运会，由于众多国家的抵制，奥林匹克大家庭受到了伤害，奥运会在竞赛成绩方面也受到了影响，比赛在一定程度上失去了应有的精彩与水平。但无论是政治干预还是种族歧视，都不能中止奥运会的脚步。在艰难地走过了这段颇多困扰的非常时期后，奥林匹克运动坚定了自己的信念，以更加成熟的姿态做好了迎接下一轮挑战的准备。

第20届夏季奥林匹克运动会

——德国·慕尼黑·1972

会　　期：1972年8月26日—9月11日

主办城市：德国（Germany）·慕尼黑（Munich）

参加国家和地区：121个

参赛运动员：7134人，其中女性1059人

竞赛项目：195项

1972年在慕尼黑举办的第20届奥运会是截至当时规模最大的一届。慕尼黑是当时联邦德国巴伐利亚州的首府，为成功举办这届奥运会在城市基础设施建设上投入了大量资金。交通系统几乎彻底被重建，甚至首次开始修建地铁。同时政府还兴建了一批新的现代化体育设施，包括能容纳8万人的奥运场馆。电视转播技术在这届奥运会中也得到广泛应用，世界各大洲超过10亿的体育爱好者观看了比赛。这届奥运会上第一次出现了奥运吉祥物，是一只名叫瓦尔迪的德国猎犬。本届奥运会共产生了600枚奖牌，苏联12年后再次在金牌和总分上超过美国，位居奖牌榜首位。值得注意的是，从1956年起至本届仅参加5届奥运会的民主德国队在奖牌榜上高居第三位，进步相当惊人。由于国际关系问题，中国未参加此届奥运会。

1972年第20届夏季奥运会奖牌榜

名次	国家或地区	金牌	银牌	铜牌
1	苏联	50	27	22
2	美国	33	31	30
3	民主德国	20	23	23
4	联邦德国	13	11	16
5	日本	13	8	8
6	澳大利亚	8	7	2

续表

名次	国家或地区	金牌	银牌	铜牌
7	波兰	7	5	9
8	匈牙利	6	13	16
9	保加利亚	6	10	5
10	意大利	5	3	10
11	瑞典	4	6	6
12	英国	4	5	9
13	罗马尼亚	3	6	7
14	芬兰	3	1	4
15	古巴	3	1	4
16	荷兰	3	1	1
17	法国	2	4	7
18	捷克斯洛伐克	2	4	2
19	肯尼亚	2	3	4
20	南斯拉夫	2	1	2
21	挪威	2	1	1
22	朝鲜	1	1	3
23	新西兰	1	1	1
24	乌干达	1	1	–
25	丹麦	1	–	–
26	瑞士	–	3	–
27	加拿大	–	2	3
28	伊朗	–	2	1
29	希腊	–	2	0
30	比利时	–	2	0
31	哥伦比亚	–	1	2
32	奥地利	–	1	2
33	墨西哥	–	1	–
34	突尼斯	–	1	–

续表

名次	国家或地区	金牌	银牌	铜牌
35	阿根廷	–	1	–
36	蒙古	–	1	–
37	韩国	–	1	–
38	土耳其	–	1	–
39	黎巴嫩	–	1	–
40	巴基斯坦	–	1	–
41	巴西	–	–	2
42	埃塞俄比亚	–	–	2
43	牙买加	–	–	1
44	尼日尔	–	–	1
45	印度	–	–	1
46	尼日利亚	–	–	1
47	加纳	–	–	1
48	西班牙	–	–	1

*数据来源于https://olympics.com/en/olympic–games/munich–1972/medals（2021–5–8）

【奥运奖牌】

1972年慕尼黑奥运会奖牌直径66mm，厚度5mm，金牌重量175克，银牌169克，铜牌140克。从1928年起，由卡西奥里设计的奥运会奖牌图案一直没有改变过，但是慕尼黑改变了这个传统。奖牌的正面依然保留了以前的设计图案，只是文字改为“XX Olympiade Munchen 1972”（第29届奥运会，慕尼黑，1972 年）。奖牌背面的图案则是通过竞赛选出的。国际奥委会青睐于格尔哈尔德·马罗克斯的作品，作品所表现的是两位希腊神话中的英雄——卡斯托尔和波吕克斯，他们是体育比赛的保护神。一条系在奖牌上的链子代替了传统的绸带。链子长 90cm，链环由 1.5mm粗的黄铜丝编成，颜色分别为金色、银色、青铜色。冠军的名字及其所代表的国家刻在奖牌背面空白处。

【参与奖章】

1972 年慕尼黑奥运会参与奖章正面是慕尼黑奥运会会徽和文字。背面是奥林匹克五环与两只手持抽象化橄榄枝的手。直径约为50mm。

【奥运记忆】

★瓦·鲍尔佐夫获男子 100 米、200 米双料冠军

在 1972 年慕尼黑奥运会上，苏联男子短跑运动员瓦·鲍尔佐夫在男子 100 米、200 米短跑项目中获得了双料冠军，打破了美国人在这两个项目上的垄断，成为当时的爆炸性新闻。这也是美国继 1960 年罗马奥运会后，近 40年（1932—1972年）中第二次在这两个项目上同遭败绩。

★刻有冠军名字的奖牌

在 1972 年慕尼黑奥运会举办前两年，国际奥委会决定，冠军的名字及其代表国家应该刻在奖牌背面的空白处。本届奥运会组委会想尽各种办法

去解决这个技术难题，保证在很短的时间内（从宣布比赛结果到给获胜运动员颁奖之前）尽快完成在奖牌上刻字的任务。最终的解决方法非常独特，他们调来了 5 辆大轿车，每辆车里都有 3 名雕刻家和 3 台刻字用的机床，这些大轿车就停在距离比赛场馆不远的地方待命，在比赛结束后，优胜者的名字和国家会通过无线电传到汽车里，于是刻字工作就会在短短的几分钟内完成。

★“乒乓外交”打开了中美关系的大门

20 世纪 60 年代后期起，长期处于敌对状态的中美两国开始为改善关系而进行试探和秘密接触。1971 年 4 月 6 日，正在日本名古屋参加第 31 届世界乒乓球锦标赛的中国乒乓球队，向美国乒乓球队发出了访华邀请。四天之后，美国乒乓球代表团和一小批美国新闻记者，成为自中华人民共和国成立以来，第一批获准进入中国境内的美国人。周恩来总理在北京人民大会堂接见了美国乒乓球队成员，并对他们说：“你们在中美两国人民的关系上打开了一个新篇章。我相信，我们友谊的这一新开端必将受到我们两国多数人民的支持。”在周恩来总理讲话几小时后，美国总统尼克松宣布了一系列对华开禁措施。1972 年，美国乒乓球队邀请中国乒乓球队访问美国。中美两国乒乓球队的互访轰动了世界。“乒乓外交”打开了中美关系的大门，对中日邦交正常化也起到了不可忽视的影响。

第 21 届夏季奥林匹克运动会

——加拿大·蒙特利尔·1976

会　　期： 1976 年 7 月 17 日—8 月 1 日

主办城市： 加拿大（Canada）·蒙特利尔（Montreal）

参加国家和地区： 92 个

参赛运动员： 6084 人，其中女性 1260 人

竞赛项目： 198 项

第 21 届奥运会于 1976 年在加拿大蒙特利尔举行，由于与实行种族隔离制度受到制裁的南非保持体育联系的新西兰参加了这届奥运会，32 个非洲国家拒绝派代表团参赛，大规模的抵制导致这届奥运会的规模远逊于上届。本届奥运会的火炬传递也采取了非常独特的方法，被组织者自豪地称为“太空世纪”的杰作：火种首先于奥林匹亚点燃，由希腊运动员传到雅典后，再利用卫星传到加拿大首都渥太华，随后由加拿大运动员通过接力跑将火炬传递到蒙特利尔，并点燃主体育场的奥林匹克火炬。本届奥运会共产生了 607 枚奖牌，金牌榜和奖牌榜首仍由苏联夺得，美国再次受挫，虽然也获得了 34 枚金牌、35 枚银牌，25 枚铜牌，但金牌榜第二的地位却被民主德国取代。由于国际关系问题，中国未参加此届奥运会。

1976 年第 21 届夏季奥运会奖牌榜

名次	国家或地区	金牌	银牌	铜牌
1	苏联	49	41	35
2	民主德国	40	25	25
3	美国	34	35	25
4	联邦德国	10	12	17
5	日本	9	6	10

续表

名次	国家或地区	金牌	银牌	铜牌
6	波兰	7	6	13
7	保加利亚	6	9	7
8	古巴	6	4	3
9	罗马尼亚	4	9	14
10	匈牙利	4	5	13
11	芬兰	4	2	–
12	瑞典	4	1	–
13	英国	3	5	5
14	意大利	2	7	4
15	法国	2	3	4
16	南斯拉夫	2	3	3
17	捷克斯洛伐克	2	2	4
18	新西兰	2	1	1
20	瑞士	1	1	2
21	挪威	1	1	–
22	牙买加	1	1	–
23	朝鲜	1	1	–
24	丹麦	1	–	2
25	墨西哥	1	–	1
26	特立尼达和多巴哥	–	1	–
27	加拿大	–	5	6
28	比利时	–	3	3
29	荷兰	–	2	3
30	葡萄牙	–	2	–
31	西班牙	–	2	–

续表

名次	国家或地区	金牌	银牌	铜牌
32	澳大利亚	–	1	4
33	伊朗	–	1	1
34	委内瑞拉	–	1	–
35	蒙古	–	1	–
36	巴西	–	–	2
37	巴基斯坦	–	–	1
38	奥地利	–	–	1
39	泰国	–	–	1
40	百慕大	–	–	1
41	波多黎各	–	–	1

*数据来源于https://olympics.com/en/olympic-games/montreal-1976/medals（2021-5-8）

【奥运奖牌】

1976 年蒙特利尔奥运会奖牌的正面是 1928 年设计的，一直没有进行修改的传统图案。奖牌背面的边缘是桂冠，中间偏上的地方是蒙特利尔奥运会的官方会徽——5 个奥林匹克圆环和类似字母M的图案。在奖牌的侧沿用法文刻着运动项目的名称。奖牌分别由镀金白银、白银和青铜模压制成，直径 60mm。

【参与奖章】

1976年蒙特利尔奥运会参与奖章正面是本届奥运会会徽，背面为奥运会主体育场和奥林匹克斜塔图案。官方制作数量19760枚。参与奖章直径约为44mm。

【奥运记忆】

★奥运会体操史上的首个满分

1976年蒙特利尔奥运会有一位英雄人物纳迪娅·科马内奇——年仅14岁的罗马尼亚女子体操运动员。本届奥运会上她的精彩表演使所有人为之倾倒，高低杠赛时，她获得了奥运会体操史上第一个满分“10分”，并接连创造奇迹，总共拿了7个满分。最后她夺得了个人全能、高低杠、平衡木3枚金牌。

★中国足球队首次参加亚洲杯足球赛

1976年，在蒙特利尔奥运会举办前后，中国足球队首次参加在伊朗举行的第六届亚洲杯足球赛，这也是当年中国体育的重大事件。中国队队员有戚务生、胡之刚、迟尚斌、李松海、蔺新江、容志行、王积连、李宙哲、李国宁、相恒庆、杜智江、刘金山、刘培辰、谷明昌、杨礼敏和何佳。主教练是年维泗。小组赛中国队同马来西亚、科威特分在一起，顺利地进入了半决赛。半决赛对阵东道主伊朗队，经验不足的中国队最终以0比2告负。但在争夺第三名的比赛中，中国队一球小胜伊拉克队。

第 22 届夏季奥林匹克运动会

——苏联 · 莫斯科 · 1980

会　　期： 1980 年 7 月 19 日—8 月 3 日

主办城市： 苏联（USSR）· 莫斯科（Moscow）

参加国家和地区： 80 个

参赛运动员： 5179 人，其中女性 1115 人

竞赛项目： 203 项

第 22 届夏季奥运会于 1980 年在苏联的首都莫斯科举行，其主会场为莫斯科的列宁中央体育场，这是奥运会第一次来到社会主义国家。由于苏联在 1979 年圣诞节前夕出兵入侵阿富汗，以美国为首的许多国家对这届运动会发起联合抵制。最后仅有 80 个国家和地区的运动员参加了比赛，是继 1956 年来最少的一次。本届奥运会最终产生奖牌 631 枚，苏联以 80 枚金牌、69 枚银牌、46 枚铜牌的成绩再次问鼎奖牌榜，也是苏联自 1952 年以来在奥运会获金牌最多的一次。民主德国获得奖牌榜第二，保加利亚首次进入奥运会奖牌榜前三之列。中国奥委会的合法席位已于国际奥委会 1979 年 10 月的名古屋会议上得以恢复，因此从 1980 年莫斯科奥运会开始，中国运动员就可以正式参加奥运会了。但为维护奥林匹克精神和中国的国家利益，中国奥委会于 1980 年 4 月 24 日发布公告，放弃参加本届奥运会。

1980 年第 22 届夏季奥运会奖牌榜

名次	国家或地区	金牌	银牌	铜牌
1	苏联	80	69	46
2	民主德国	47	37	42
3	保加利亚	8	16	17
4	古巴	8	7	5
5	意大利	8	3	4

续表

名次	国家或地区	金牌	银牌	铜牌
6	匈牙利	7	10	15
7	罗马尼亚	6	6	13
8	法国	6	5	3
9	英国	5	7	9
10	波兰	3	14	15
11	瑞典	3	3	6
12	芬兰	3	1	4
13	捷克斯洛伐克	2	3	9
14	南斯拉夫	2	3	4
15	澳大利亚	2	2	5
16	丹麦	2	1	2
17	埃塞俄比亚	2	–	2
18	巴西	2	–	2
19	瑞士	2	–	–
20	西班牙	1	3	2
21	奥地利	1	2	1
22	希腊	1	–	2
23	印度	1	–	–
24	比利时	1	–	–
25	津巴布韦	1	–	–
26	朝鲜	–	3	2
27	蒙古	–	2	2
28	坦桑尼亚	–	2	–
29	墨西哥	–	1	3
30	荷兰	–	1	2
31	爱尔兰	–	1	1

续表

名次	国家或地区	金牌	银牌	铜牌
32	乌干达	–	1	–
33	委内瑞拉	–	1	–
34	牙买加	–	–	3
35	黎巴嫩	–	–	1
36	圭亚那	–	–	1

*数据来源于https://olympics.com/en/olympic-games/moscow-1980/medals（2021-5-8）

【奥运奖牌】

1980 年莫斯科奥运会奖牌是由年轻雕塑家伊利亚·波斯托尔设计的。奖牌的正面仍然原封不动地保留了 1928 年的设计图案：手持桂冠的胜利女神形象，右下方是古老的半圆形露天竞技场的遗址和马车，右上方是俄文“ИГРЫ XXIIОЛИМПИАДЫ МОСКВА 1980”（第 22 届奥运会，莫斯科，1980 年）。奖牌的背面图案是：以奥林匹克体育场为背景，中间有一只跃动着火焰的火炬托盘。左上方是莫斯科奥运会的会徽——莫斯科的塔式建筑和奥林匹克五环，边缘刻有运动项目的名称。一条带有奥林匹克色彩的绸带通过一个小环系在奖牌上。奖牌的直径为 60mm，厚 3mm。金牌使用纯度为 92.5%的白银镀上 6 克的黄金制成，银牌也是用同样纯度的白银制成，而铜牌则是由铜锌合金制成。

【参与奖章】

1980 年莫斯科奥运会参与奖章正面是本届奥运会会徽和主体育场。背面是莫斯科红场景象。由列宁格勒铸币厂制造。直径约为 5.9cm。

【奥运记忆】

★贬值的莫斯科奥运金牌

由于 1976 年蒙特利尔奥运会非正式团体总分列前十名的美国、联邦德国、日本等国拒绝参加，田径、游泳、体操、柔道所受的影响尤为明显，有的甚至不能反映当时的世界实际水平。如男子游泳，在上届奥运会全部 13 个项目中，破 12 项世界纪录，1980 年莫斯科奥运会仅破了 1 项。另如马术，上届奥运会进入前六名的 14 个队中，13 个队没有代表去莫斯科。人们评论说：莫斯科奥运会金牌贬值达 50%。在本届奥运会获奖运动员颁奖仪式上，得奖国家奥委会为抗议联军入侵阿富汗，决定在仪式上不使用本国国旗和演奏本国国歌，改用奥林匹克会旗和会歌来代替。

★中国回归国际奥委会大家庭

为抵制国际奥委会“两个中国”的做法，中华全国体育总会在 1958 年 8 月 19 日发表声明：中国奥林匹克委员会（中华全国体育总会）同国际奥林匹克委员会正式中断关系。1979 年，中国奥委会向国际奥委会正式提出关于中国合法席位的建议，得到了包括国际奥委会主席吉拉宁在内的大多数人的赞同。11 月，国际奥委会以通讯表决的方式，让国际奥委会全体委员投票，通过了国际奥委会执委会于 10 月 25 日在日本名古屋做出的有关恢复中华人民共和国在国际奥委会合法席位的决议。“名古屋决议指出”：中国奥委会在参加奥运会时使用中华人民共和国的国旗和国歌，同时允许台湾作为中华人民共和国的一个地方性组织在国际体育组织中占有席位，以“中国台北奥林匹克委员会”出现。这一决定，最终扫清了中国重返奥林匹克大家庭的障碍。从此，中国奥委会与国际奥委会建立了良好、密切的合作关系。

第5篇

重新崛起

1980年，西班牙人萨马兰奇出任国际奥委会主席，开始对奥林匹克运动进行全面的改革，使奥林匹克运动变封闭为开放，跟上社会前进的步伐。其间，国际奥委会大胆引进市场经济机制，积极而有效地对奥运会进行多种商业开发，与各国政府和非政府组织建立了广泛的联系，更加积极主动地对大众体育、体育科学、文化教育等多种领域进行开拓，使奥林匹克运动的影响越来越大。奥林匹克运动进入一个改革与创新的发展时期。

第 23 届夏季奥林匹克运动会

——美国·洛杉矶·1984

会　　期： 1984 年 7 月 28 日—8 月 12 日

主办城市： 美国（USA）·洛杉矶（Los Angeles）

参加国家和地区： 140 个

参赛运动员： 6829 人，其中女性 1566 人

竞赛项目： 221 项

1978 年国际奥委会雅典会议决定，由唯一申请城市美国洛杉矶承办 1984年第23届夏季奥林匹克运动会。来自全球140个国家和地区代表团的将近 7000 名运动员参加了本届奥运会 21 个大项、221 个小项的角逐，远远超过了以往各国的规模。1984 年洛杉矶奥运会是历史上第一次由民间承办的奥运会，洛杉矶奥运会组委会主席彼德·尤伯罗斯创造性地提出体育产业的新理念，开始了奥运史上前所未有的商业运作，在第 23 届洛杉矶奥运会原计划耗资 5 亿美元左右的情况下，不仅没有出现亏空，反而还收益 2 亿 2300 万美元。尤伯罗斯因此被称为“奥运商业之父”。

1984 年第 23 届夏季奥运会奖牌榜

名次	国家或地区	金牌	银牌	铜牌
1	美国	83	61	30
2	罗马尼亚	20	16	17
3	联邦德国	17	19	23
4	中国	15	8	9
5	意大利	14	6	12
6	加拿大	10	18	16
7	日本	10	8	14
8	新西兰	8	1	2

续表

名次	国家或地区	金牌	银牌	铜牌
9	南斯拉夫	7	4	7
10	韩国	6	6	7
11	英国	5	11	21
12	法国	5	7	16
13	荷兰	5	2	6
14	澳大利亚	4	8	12
15	芬兰	4	2	6
16	瑞典	2	11	6
17	墨西哥	2	3	1
18	摩洛哥	2	–	–
19	巴西	1	5	2
20	西班牙	1	2	2
21	比利时	1	1	2
22	奥地利	1	1	1
23	葡萄牙	1	–	2
24	肯尼亚	1	–	2
25	巴基斯坦	1	–	–
26	瑞士	–	4	4
27	丹麦	–	3	3
28	挪威	–	1	2
29	牙买加	–	1	2
30	尼日利亚	–	1	1
31	希腊	–	1	1
32	波多黎各	–	1	1
33	科特迪瓦	–	1	–
34	叙利亚	–	1	–
35	爱尔兰	–	1	–
36	秘鲁	–	1	–

续表

名次	国家或地区	金牌	银牌	铜牌
37	哥伦比亚	–	1	–
38	泰国	–	1	–
39	埃及	–	1	–
40	土耳其	–	–	3
41	委内瑞拉	–	–	3
42	阿尔及利亚	–	–	2
43	喀麦隆	–	–	1
44	赞比亚	–	–	1
45	多米尼加	–	–	1
46	中国台北	–	–	1
47	冰岛	–	–	1

*数据来源于https://olympics.com/en/olympic-games/los-angeles-1984/medals（2021-5-8）

【奥运奖牌】

1984 年洛杉矶奥运会的奖牌设计邀请了著名艺术家杜尔德·斯捷尔梅尔。斯捷尔梅尔没有去寻求新的设计方案，而是以 1928 年设计的奖牌图案为蓝本，用现代风格进行重新临摹，在尽可能完整地保持奥林匹克的古典传统的基础上，设计出稍微符合现代精神的传统样式的奖牌。斯捷尔梅尔认为：洛杉矶奥运会的会徽“运行之星”或者奥林匹克火炬都与卡西奥里设计的奖牌正面的新古典主义风格不协调。他还认为：奖牌上表现的所有人物和象征物都应强调奥林匹克运动的国际性和参加比赛的民族多样性。于是，他更加完美、精确地表现出运动员匀称的体型和肌肉。奖牌的直径60mm，厚度为4mm。金牌上镀有6.5克的黄金，银牌和铜牌按照传统分别由白银和青铜制成。

【参与奖章】

1984年洛杉矶奥运会参与奖章，正面为奥林匹克火炬，背面为本届奥运会会徽和五环及橄榄枝图案。参与奖章直径约为6cm。

【奥运记忆】

★中国重返夏季奥运会

1984年7月28日，第23届夏季奥运会在洛杉矶纪念体育场开幕，由225名体育健儿组成的中国体育代表团出席了开幕式。“来自东方的巨龙——中国代表团”，中国体育代表团入场时，当时在现场直播的CNN播音员如此介绍。全场观众热烈鼓掌并起立欢呼，阔别32年重返奥运会的中国代表团一亮相就引起了轰动，而这个轰动仅仅是个开始。在距中国首次参加第10届奥运会52年之后，这次中国派出强大阵容重返奥运。中国体育代表团一行353人，其中225名运动员参加田径、游泳（包括跳水、水球）、体操（包括艺术体操）、篮球、排球、手球、射箭、射击、举重、摔跤、击剑、柔道、自行车、赛艇、皮划艇、帆船共16个项目的比赛和网球表演赛。在本届奥运会上，中国运动员一举夺取了15枚金牌、8枚银牌、9枚铜牌，位列奖牌榜第4名，中国健儿的精彩表演使世界为之震动。

★中国第一枚奥运会金牌

在1984年洛杉矶奥会上，27岁的中国射击选手许海峰以566环的成绩获男子手枪60发慢射冠军，成为本届奥运会第一枚金牌获得者，也是中国第一位奥运会金牌获得者，打破了中国在奥运会历史上的“零的纪录”，由此开始了中国奥运史上的新篇章。

★“体操王子”李宁

在本届奥运会上，被誉为“体操王子”的李宁在自由体操、鞍马、吊环中一人独得3枚金牌。此外，李宁还获得了2枚银牌和1枚铜牌，是本届获奖牌最多的运动员。李宁还被誉为“力量之塔”和“使人倾倒的小巨人”。

★中国女排“三连冠”

1984年洛杉矶奥运会女排比赛于7月30日至8月9日进行。有美国、中国、日本、韩国、秘鲁、巴西、联邦德国、加拿大8支参赛队。最终中国女排在决赛中以3比0击败美国女排，获得金牌，实现了继1981年女排世界杯和1982年女排世锦赛冠军后的三连冠。

第24届夏季奥林匹克运动会

——韩国·汉城·1988

会　　期： 1988年9月17日—10月2日

主办城市： 韩国（Republic of Korea）·汉城（Seoul）

参加国家和地区： 140个

参赛运动员： 8397人，其中女性2186人

竞赛项目： 237项

申办第24届奥运会的除汉城外，还有日本的名古屋、澳大利亚的墨尔本和希腊的雅典。1981年举行的第84届国际奥委会会议上，雅典与墨尔本相继退出，最后投票通过汉城为第24届奥运会的承办城市。汉城成为继东京之后第二个主办奥运会的亚洲城市。本届奥运会新列入了乒乓球比赛，恢复了已中断64年的网球比赛项目，并允许网球和足球职业运动员参赛，但足球职业运动员年龄限制在23岁以下。本届奥运会共破64项奥运会纪录，其中有22项世界纪录。获奖牌榜前三名的国家分别为苏联、民主德国和美国。中国选派301名选手参加比赛。中国运动员在本届奥运会上获得5枚金牌、11枚银牌和12枚铜牌。

1988年第24届夏季奥运会奖牌榜

名次	国家或地区	金牌	银牌	铜牌
1	苏联	55	31	46
2	民主德国	37	35	30
3	美国	36	31	27
4	韩国	12	10	11
5	联邦德国	11	14	15
6	匈牙利	11	6	6
7	保加利亚	10	12	13

续表

名次	国家或地区	金牌	银牌	铜牌
8	罗马尼亚	7	11	6
9	法国	6	4	6
10	意大利	6	4	4
11	中国	5	11	12
12	英国	5	10	9
13	肯尼亚	5	2	2
14	日本	4	3	7
15	澳大利亚	3	6	5
16	南斯拉夫	3	4	5
17	捷克斯洛伐克	3	3	2
18	新西兰	3	2	8
19	加拿大	3	2	5
20	波兰	2	5	9
21	挪威	2	3	–
22	荷兰	2	2	5
23	丹麦	2	1	1
24	巴西	1	2	3
25	西班牙	1	1	2
26	芬兰	1	1	2
27	土耳其	1	1	–
28	摩洛哥	1	–	2
29	奥地利	1	–	–
30	苏里南	1	–	–
31	葡萄牙	1	–	–
32	瑞典	–	4	7
33	瑞士	–	2	2
34	牙买加	–	2	–
35	阿根廷	–	1	1

续表

名次	国家或地区	金牌	银牌	铜牌
36	荷属安地列斯	–	1	–
37	智利	–	1	–
38	哥斯达黎加	–	1	–
39	印度尼西亚	–	1	–
40	伊朗	–	1	–
41	维尔京群岛	–	1	–
42	塞内加尔	–	1	–
43	秘鲁	–	1	–
44	墨西哥	–	–	2
45	比利时	–	–	2
46	哥伦比亚	–	–	1
47	吉布提	–	–	1
48	蒙古	–	–	1
49	希腊	–	–	1
50	菲律宾	–	–	1
51	巴基斯坦	–	–	1
52	泰国	–	–	1

*数据来源于https://olympics.com/en/olympic-games/seoul-1988/medals（2021-5-8）

【奥运奖牌】

本届奥运会奖牌的图案设计融合了传统与创新的元素。奖牌正面依旧是手持桂冠的希腊胜利女神，但奖牌背面的图案发生了变化，这是自 1928 年夏季奥运会以来进行的第 4 次修改，表现的是一只口衔橄榄枝的鸽子以及本届奥运会的会徽。汉城奥运会组委会主席朴世直说：“奥运会开幕前，国际奥委会就已确定了奖牌的设计图案，它表示组织者希望把汉城奥运会办成促进世界和平的一届运动会。”奖牌总共制作了 1850 枚，分别由镀金白银、白银、青铜模压制成。

【参与奖章】

1988 年汉城奥运会参与奖章正面图案为汉城南大门，上方为山、云、鹤与太阳。背面为本届奥运会会徽图案。直径约为 60mm。

【奥运记忆】

★汉城奥运会兴奋剂丑闻

1988 年汉城奥运会上，共有 11 名运动员被查出服用兴奋剂，其中有 6 人被剥夺已经获得的奖牌。层出不穷的兴奋剂问题成为与安保、交通一样困扰奥运会的一大难题。在男子 100 米“飞人大战”中，以前表现平平的加拿大人约翰逊以 9 秒 79、破世界纪录的成绩震惊田坛。之后，他的药检呈阳性，被取消纪录和金牌，成为本届奥运会最为轰动的丑闻。

★中国获得 5 枚奥运会金牌

1988 年汉城奥运会是新中国第二次参加奥运会，在此届奥运会上中国共获得5枚金牌。在1984年洛杉矶奥运会上，中国代表团共获得15枚金牌，当时是在以苏联为首的东欧军团缺席的情况下所得，而汉城奥运会所有重要的体育强国均派代表团出席，中国的夺金项目遇到了太多的劲敌，5枚金牌基本反映了当时中国的奥运竞技水平。在此届奥运会上，获得金牌的是乒乓球（陈静、陈龙灿和韦晴光）、跳水（高敏、许艳梅）和体操（娄云）3个中国的王牌项目。这3个项目加上后来的羽毛球，成为中国在奥运会上获得金牌最多的项目。

★中国第一位跳板跳水金牌获得者——高敏

"作为一名女子跳水运动员，和高敏同一时代是种悲哀。"一家外国报纸曾经这样评论"跳水皇后"高敏。从15岁开始，只要高敏出现在号称世界三大赛的奥运会、世界锦标赛和世界杯上，女子跳板跳水的金牌就从未落入其他选手手中——她在国内外重大比赛中共获得60余枚金牌，占据世界冠军的宝座达6年之久。1988年9月25日，在第24届汉城奥运会上，中国选手高敏在女子跳板跳水比赛中以580.23分的绝对优势技压群芳，成功夺得金牌，实现了"三冠王"。高敏也成为中国第一位奥运会跳板跳水金牌获得者，一改中国跳板项目奥运金牌零纪录的历史，并为中国队以后在跳水项目上屡战屡胜奠定了基础。

第 25 届夏季奥林匹克运动会

——西班牙・巴塞罗那・1992

会　　期： 1992 年 7 月 25 日—8 月 9 日

主办城市： 西班牙（Spain）・巴塞罗那（Barcelona）

参加国家和地区： 169 个

参赛运动员： 9356 人，其中女性 2704 人

竞赛项目： 257 项

第 25 届奥运会在西班牙巴塞罗那举行，这届奥运会在参赛运动员数量上创造了纪录，共有来自 169 个国家和地区的 9356 名运动员参加。在苏联解体后，独立后的各国最后一次以联合组队的形式（即独联体）参加奥运会。统一后的联邦德国和民主德国也首次以一个德国代表团参赛。南非自 1960 年以来首次被解除制裁，允许参赛。20 年来，国际奥委会的所有成员，除了处于战乱中的阿富汗和索马里，全部齐聚巴塞罗那。本届奥运会组委会首次邀请50个国家的155名代表接力传递奥运圣火，从希腊的奥林匹亚采集的火种经过传递最终抵达巴塞罗那，最后由残奥会射箭运动员雷波洛用弓箭将火把射出，点燃奥运圣火。独联体以 45 枚金牌、38 枚银牌、29 枚铜牌登顶；美国以 37 枚金牌、34 枚银牌、37 枚铜牌位列第二；德国位居第三。中国此次选派男运动员 118 人、女运动员 133 人参加除足球、曲棍球、棒球、手球及马术以外共 20 个项目的比赛，共获金牌 16 枚、银牌 22 枚、铜牌 16 枚，居奖牌榜第四位。

1992 年第 25 届夏季奥运会奖牌榜

名次	国家或地区	金牌	银牌	铜牌
1	独联体	45	38	29
2	美国	37	34	37
3	德国	33	21	28

续表

名次	国家或地区	金牌	银牌	铜牌
4	中国	16	22	16
5	古巴	14	6	11
6	西班牙	13	7	2
7	韩国	12	5	12
8	匈牙利	11	12	7
9	法国	8	5	16
10	澳大利亚	7	9	11
11	加拿大	7	4	7
12	意大利	6	5	8
13	英国	5	3	12
14	罗马尼亚	4	6	8
15	捷克斯洛伐克	4	2	1
16	朝鲜	4	–	5
17	日本	3	8	11
18	保加利亚	3	7	6
19	波兰	3	6	10
20	荷兰	2	6	7
21	肯尼亚	2	4	2
22	挪威	2	4	1
23	土耳其	2	2	2
24	印度尼西亚	2	2	1
25	巴西	2	1	–
26	希腊	2	–	–
27	瑞典	1	7	4
28	新西兰	1	4	5
29	芬兰	1	2	2
30	丹麦	1	1	4
31	摩洛哥	1	1	1
32	爱尔兰	1	1	–
33	埃塞俄比亚	1	–	2

续表

名次	国家或地区	金牌	银牌	铜牌
34	阿尔及利亚	1	–	1
35	爱沙尼亚	1	–	1
36	立陶宛	1	–	1
37	瑞士	1	–	–
38	牙买加	–	3	1
39	尼日利亚	–	3	1
40	拉脱维亚	–	2	1
41	奥地利	–	2	–
42	纳米比亚	–	2	–
43	南非	–	2	–
44	比利时	–	1	2
45	克罗地亚	–	1	2
46	独立参赛者（南斯拉夫运动员）	–	1	2
47	伊朗	–	1	2
48	以色列	–	1	1
49	中国台北	–	1	–
50	墨西哥	–	1	–
51	秘鲁	–	1	–
52	蒙古	–	–	2
53	斯洛文尼亚	–	–	2
54	阿根廷	–	–	1
55	巴哈马	–	–	1
56	哥伦比亚	–	–	1
57	加纳	–	–	1
58	马来西亚	–	–	1
59	巴基斯坦	–	–	1
60	菲律宾	–	–	1
61	波多黎各	–	–	1
62	卡塔尔	–	–	1

续表

名次	国家或地区	金牌	银牌	铜牌
63	苏里南	–	–	1
64	泰国	–	–	1

*数据来源于https://olympics.com/en/olympic-games/barcelona-1992/medals（2021-5-8）

【奥运奖牌】

本届奥运会奖牌的正面重复了意大利人卡西奥里多年前的设计。上面的文字是“XXV OLYMPIADA BARCELONA 1992”（第25届奥运会，巴塞罗那，1992年）。奖牌由两片黏合而成，正面的直径是55mm，背面的直径是70mm。背面表现的是奥林匹克五环和本届奥运会的会徽。

【参与奖章】

1992年巴塞罗那奥运会参与奖章正面为本届奥运会的会徽图案。背面

是一个螺旋图案与一个拉长的闪电，抽象化地表现一个奔跑运动员的动作。直径约为6.9cm。

【奥运记忆】

★美国篮球“梦之队”

1992年巴塞罗那奥运会首次为职业篮球运动员敞开大门，早已风靡全球的美国职业篮球NBA明星球员得以参加奥运会。以“飞人”迈克尔·乔丹、“魔术师”约翰逊等职业篮球选手组成的美国“梦之队”以极其精彩的表演轰动了巴塞罗那，他们不仅以全胜成绩轻松夺冠，而且把其球艺通过电视传给全世界更多的观众，扩大了篮球运动的影响。

★中国水军创辉煌

水上项目是中国队本届奥运会的夺金大项，其中在女子游泳比赛中，中国队的“四朵金花”庄泳（100米自由泳）、钱红（100米蝶泳）、林莉（200米个人混合泳）和杨文意（50米自由泳）各获一金。跳水比赛中国队也三度摘金。女子跳板决赛中，高敏成功卫冕。14岁的伏明霞则在女子跳台比赛中获胜，成为奥运会历史上最年轻的冠军。孙淑伟在男子跳台项目中为中国取得了历史上第一枚男子跳水金牌。

★“巾帼不让须眉”——张山

1992年巴塞罗那奥运会，双向飞碟是男女混合参赛，60名参赛者中，只有7名女选手，张山就是其中之一。此前，该项目的金牌一直被欧洲男运动员所垄断。预赛，张山弹无虚发150靶全中，成为进入半决赛24人中的唯一女性。接着，她又在半决赛中50靶全中。200发200中，张山以平世界纪录、破奥运纪录的惊人成绩杀入决赛。决赛中，最终她以总成绩223中夺得金牌。张山在巴塞罗那奥运会上取得的这枚金牌分量格外重，她不仅创造了“巾帼不让须眉”的奇迹，同时以200发子弹无一脱靶的出色表现把自古以来“百发百中”的传说变成了事实，把奥运会这项纪录推到了不可能再破的顶点。同时，她也成为多年来打破欧洲选手对这一项目垄断的第一位中国女性。

第26届夏季奥林匹克运动会

——美国·亚特兰大·1996

会　　期： 1996年7月19日—8月4日

主办城市： 美国（USA）·亚特兰大（Atlanta）

参加国家和地区： 197个

参赛运动员： 10318人，其中女性3512人

竞赛项目： 271项

美国佐治亚首府亚特兰大在1990年国际奥委会东京会议的投票中击败雅典、贝尔格莱德、曼彻斯特、墨尔本和多伦多成为1996年奥运会的主办城市。由于1996年适逢现代奥林匹克运动的百年诞辰，许多人认为国际奥委会应该将举办权授予奥运会的诞生地——希腊雅典，但最终的投票结果却决定由亚特兰大主办，主要原因是希腊的体育场馆设施未能达到理想的标准。很多人认为这次奥运会是最近几次奥运会中最不成功的一次——交通问题突出，而且过度商业化，广告无处不在。另外，在7月27日奥运会举行期间，亚特兰大的奥林匹克公园还发生了爆炸案，导致111人受伤，1人死亡。在国际奥委会主席萨马兰奇的闭幕演说中，他第一次没有将本次奥运会形容为“有史以来最好的一届奥运会”。本届奥运会共有来自197个国家和地区的运动员参加各项比赛的角逐，共打破24项世界纪录，产生了842枚奖牌。最终，美国以44枚金牌、32枚银牌、25枚铜牌的成绩重回榜首，俄罗斯、德国分列第二、第三位。这也是俄罗斯代表团在1912年之后首次以国家单位独立参加奥运会。

1996年第26届夏季奥运会奖牌榜

名次	国家或地区	金牌	银牌	铜牌
1	美国	44	32	25
2	俄罗斯	26	21	16

续表

名次	国家或地区	金牌	银牌	铜牌
3	德国	20	18	27
4	中国	16	22	12
5	法国	15	7	15
6	意大利	13	10	12
7	澳大利亚	9	9	23
8	古巴	9	8	8
9	乌克兰	9	2	12
10	韩国	7	15	5
11	波兰	7	5	5
12	匈牙利	7	4	10
13	西班牙	5	6	6
14	罗马尼亚	4	7	9
15	荷兰	4	5	10
16	希腊	4	4	–
17	捷克	4	3	4
18	瑞士	4	3	–
19	丹麦	4	1	1
20	土耳其	4	1	1
21	加拿大	3	11	8
22	保加利亚	3	7	5
23	日本	3	6	5
24	哈萨克斯坦	3	4	4
25	巴西	3	3	9
26	新西兰	3	2	1
27	南非	3	1	1
28	爱尔兰	3	–	1

续表

名次	国家或地区	金牌	银牌	铜牌
29	瑞典	2	4	2
30	挪威	2	2	3
31	比利时	2	2	2
32	尼日利亚	2	1	3
33	朝鲜	2	1	2
34	阿尔及利亚	2	–	1
35	埃塞俄比亚	2	–	1
36	英国	1	8	6
37	白俄罗斯	1	6	8
38	肯尼亚	1	4	3
39	牙买加	1	3	2
40	芬兰	1	2	1
41	印度尼西亚	1	1	2
42	南斯拉夫	1	1	2
43	伊朗	1	1	1
44	斯洛伐克	1	1	1
45	亚美尼亚	1	1	–
46	克罗地亚	1	1	–
47	葡萄杨	1	–	1
48	泰国	1	–	1
49	布隆迪	1	–	–
50	哥斯达黎加	1	–	–
51	厄瓜多尔	1	–	–
52	中国香港	1	–	–
53	叙利亚	1	–	–
54	阿根廷	–	2	1

续表

名次	国家或地区	金牌	银牌	铜牌
55	纳米比亚	–	2	–
56	斯洛文尼亚	–	2	–
57	奥地利	–	1	2
58	马来西亚	–	1	1
59	摩尔多瓦	–	1	1
60	乌兹别克斯坦	–	1	1
61	阿塞拜疆	–	1	–
62	巴哈马	–	1	–
63	中国台北	–	1	–
64	拉脱维亚	–	1	–
65	菲律宾	–	1	–
66	汤加	–	1	–
67	赞比亚	–	1	–
68	格鲁吉亚	–	–	2
69	摩洛哥	–	–	2
70	特立尼达和多巴哥	–	–	2
71	印度	–	–	1
72	以色列	–	–	1
73	立陶宛	–	–	1
74	墨西哥	–	–	1
75	蒙古	–	–	1
76	莫桑比克	–	–	1
77	波多黎各	–	–	1
78	突尼斯	–	–	1
79	乌干达	–	–	1

* 数据来源于https://olympics.com/en/olympic-games/atlanta-1996/medals（2021-5-8）

【奥运奖牌】

1996 年亚特兰大奥运会奖牌的正面仍然保持了奥运会奖牌的传统风格——中间是手拿桂冠的希腊胜利女神。女神的右边是奥林匹克五环和英文“XXVI OLYMPIAD ATLANTA 1996”（第 26 届奥运会，亚特兰大，1996 年）。奖牌背面的中间是奥运会的会徽——火炬、奥林匹克五环和数字“100”及英文“Atlanta 1996”（亚特兰大，1996 年），边缘呈圆形排列的文字为“CENTENNIAL OLYMPIC GAMES”（奥运会 100 周年）。

【参与奖章】

1996 年亚特兰大奥运会参与奖章正面为本届奥运会会徽图案，背面由被线串起来的橄榄叶子和百年奥运会文字图案组成。直径约为 6cm。

【奥运记忆】

★飞人迈克尔·约翰逊

飞人迈克尔·约翰逊，美国田径运动员。1996年亚特兰大奥运会，在首先进行的400米比赛中，约翰逊以领先第二名10多米的绝对优势夺冠，并以43.49秒的成绩打破奥运会纪录。这也是奥运会该项比赛历史上领先优势最大的一场比赛。3天后，约翰逊又参加了200米决赛。早在美国奥运选拔赛时，约翰逊就曾以19秒66打破沉睡了17年的世界纪录。在亚特兰大，约翰逊再次将这一纪录改写为19秒32，并成为奥运史上首个在一届比赛包揽200米和400米冠军的选手。

★中国军团亚特兰大再创辉煌

在本届奥运会上，中国派出了由495人组成的体育代表团参赛，其中运动员309人（女运动员199人），共参加了本届奥运会26个大项中22个大项、153个小项的比赛，共获得金牌16枚，奖牌总数50枚，金牌总数和奖牌总数均列第四位。在本届奥运会的赛场上，中国举重小将占旭刚以自己的神力连破3项世界纪录，显示了中国人“力拔山兮气盖世”的精神面貌；田径女子5000米名将王军霞在外国选手的围追堵截中奋力冲杀，以甩下亚军20多米的成绩夺得金牌，跑出了中国人的骨气、志气和勇气。射击老将王义夫带病参赛，在10米气手枪决赛最后一枪前还一直领先第二名3.8环，最终因身体不支而痛失冠军。他以顽强的毅力打完最后一枪后，便晕倒在赛场上。王义夫这种不屈不挠的顽强精神在国内引起了强烈反响，就连最后取胜的意大利运动员也对王义夫表示了由衷的敬意。

【首体院风采】

北京体育师范学院获第26届奥运会
科研攻关与服务工作贡献奖

1996年，北京体育师范学院获得第26届奥运会科研攻关与科技服务工作贡献奖。在国家体委公布的第26届奥运会科研攻关与1995年国家体委重点科技服务项目两大类80个项目中，北京体育师范学院（首都体育学院前身）共获得 7 个项目位居第二，排全国 16 所体育学院之首，充分展示了学院的科研实力与水平。

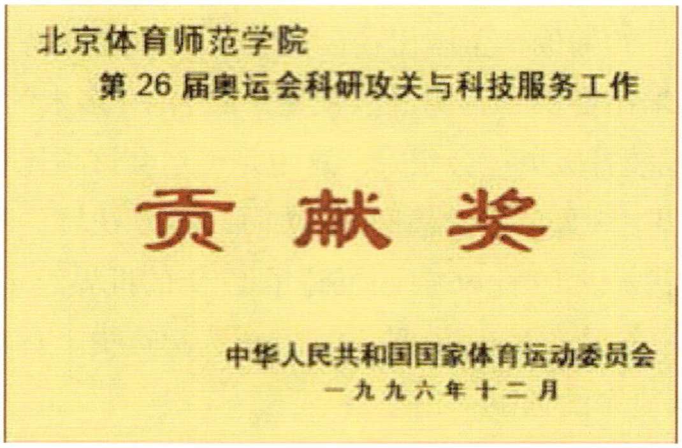

第6篇 走向辉煌

1996年百年奥运史的盛典开创了奥林匹克运动发展史上的一个新时代，2000年悉尼奥运会的成功表明新的世纪里奥林匹克运动有了一个良好的开端。这一时期，奥林匹克运动已经在全世界得到了更为广泛的普及，奥运会电视转播收视人数连创新高，各国对于奥运会申办的竞争也达到了白热化的状态，奥林匹克运动的品牌以及它所代表的价值观继续在全世界引起共鸣。2008年奥林匹克圣火在北京点燃之时，也是东西方文化交融达到完美境界之时。北京奥运会无疑是为北京、为中国、为世界奥林匹克运动留下的一笔独一无二的伟大遗产。奥林匹克运动进一步发展壮大，走向更为辉煌的未来。

第27届夏季奥林匹克运动会

——澳大利亚·悉尼·2000

会　　期：2000年9月15日—10月1日

主办城市：澳大利亚（Australia）·悉尼（Sydney）

参加国家和地区：199个

参赛运动员：10651人，其中女性4069人

竞赛项目：300项

2000年悉尼奥运会是20世纪的最后一届奥运会。这也是奥运史上，继1956年墨尔本奥运会后第二次由澳大利亚举办的奥运会。主办方充分利用了水、陆、空各种运输方式举行火炬接力活动，圣火甚至由潜水运动员带到了水下。在奥运会的整个组织和比赛过程中，也充分体现了现代社会技术进步的成果。来自全球199个国家和地区的10000多名运动员参加了竞赛项目的角逐。美国、俄罗斯和中国分列奖牌榜的前三位。中国代表团此次派出了311名运动员参赛，以金牌28枚、奖牌总数58枚的优异成绩首次进入了奖牌榜世界三强的行列。东道主澳大利亚排名第四。

2000年第27届夏季奥运会奖牌榜

名次	国家或地区	金牌	银牌	铜牌
1	美国	37	24	32
2	俄罗斯	32	28	29
3	中国	28	16	14
4	澳大利亚	16	25	17
5	德国	13	17	26
6	法国	13	14	11
7	意大利	13	8	13
8	荷兰	12	9	4

续表

名次	国家或地区	金牌	银牌	铜牌
9	古巴	11	11	7
10	英国	11	10	7
11	罗马尼亚	11	6	9
12	韩国	8	10	10
13	匈牙利	8	6	3
14	波兰	6	5	3
15	日本	5	8	5
16	保加利亚	5	6	2
17	希腊	4	6	3
18	瑞典	4	5	3
19	挪威	4	3	3
20	埃塞俄比亚	4	1	3
21	乌克兰	3	10	10
22	哈萨克斯坦	3	4	–
23	白俄罗斯	3	3	11
24	加拿大	3	3	8
25	西班牙	3	3	5
26	土耳其	3	–	2
27	伊朗	3	–	1
28	捷克	2	3	3
29	青尼亚	2	3	2
30	丹麦	2	3	1
31	芬兰	2	1	1
32	奥地利	2	1	0
33	立陶宛	2	–	3
34	阿塞拜疆	2	–	1
35	巴哈马	2	–	1
36	斯洛文尼亚	2	–	–

续表

名次	国家或地区	金牌	银牌	铜牌
37	瑞士	1	6	2
38	印度尼西亚	1	3	2
39	斯洛伐克	1	3	1
40	墨西哥	1	2	3
41	尼日利亚	1	2	–
42	阿尔及利亚	1	1	3
43	乌兹别克斯坦	1	1	2
44	拉脱维亚	1	1	1
45	南斯拉夫	1	1	1
46	新西兰	1	–	3
47	爱沙尼亚	1	–	2
48	泰国	1	–	2
49	克罗地亚	1	–	1
50	喀麦隆	1	–	–
51	哥伦比亚	1	–	–
52	莫桑比克	1	–	–
53	巴西	–	6	6
54	牙买加	–	6	3
55	比利时	–	2	3
56	南非	–	2	3
57	阿根廷	–	2	2
58	摩洛哥	–	1	4
59	中国台北	–	1	4
60	朝鲜	–	1	3
61	沙特阿拉伯	–	1	1
62	摩尔多瓦	–	1	1
63	特立尼达和多巴哥	–	1	1
64	爱尔兰	–	1	–

续表

名次	国家或地区	金牌	银牌	铜牌
65	乌拉圭	–	1	–
66	越南	–	1	–
67	斯里兰卡	–	1	–
68	格鲁吉亚	–	–	6
69	哥斯达黎加	–	–	2
70	葡萄牙	–	–	2
71	亚美尼亚	–	–	1
72	巴巴多斯	–	–	1
73	智利	–	–	1
74	印度	–	–	1
75	冰岛	–	–	1
76	以色列	–	–	1
77	吉尔吉斯斯坦	–	–	1
78	科威特	–	–	1
79	马其顿	–	–	1
80	卡塔尔	–	–	1

*数据来源于https://olympics.com/en/olympic-games/sydney-2000/medals（2021-5-8）

【奥运奖牌】

2000 年悉尼奥运会奖牌正面表现的是手持桂冠的古希腊胜利女

神、马车以及澳洲大陆独有的金合欢树的树枝。右上方的文字为“XXVII OLYMPIAD SYDNEY 2000”（第27届奥运会，悉尼，2000年）。不知是否是设计师的一时疏忽，图案中出现的是古罗马斗兽场的轮廓，而不是奥运会奖牌上传统的古希腊半圆形剧场轮廓。奖牌的背面是悉尼歌剧院、奥林匹克圣火和奥林匹克五环。体育项目的名称刻在奖牌背面的外沿上。根据运动员的要求，主办方把赢得奥运会比赛的运动员的名字刻在了奖牌上。本届奥运会奖牌的直径为68mm，边缘的厚度为3mm，中间最厚的地方为5mm。奖牌上系有浅蓝色花纹的绸带。

【参与奖章】

2000年悉尼奥运会参与奖章的主题设计是水流标志，是由FHA形象设计公司设计。参与奖章直径约为4.9cm。

【奥运记忆】

★游泳界的“索普时代”

在2000年悉尼奥运会上，年仅17岁的澳大利亚游泳运动员伊恩·索普以打破自己保持的世界纪录的成绩夺得男子400米自由泳金牌后，又帮助澳大利亚队夺取4×100米和4×200米自由泳接力的两块金牌。此外，他还获得200米自由泳银牌，开启了游泳界的“索普时代”。

★得而复失的奖牌

美国女子短跑名将马里昂·琼斯在2000年悉尼奥运会上独得3枚金牌、

2 枚铜牌，成为第一位在一届奥运会上夺取 5 枚田径项目奖牌的女运动员。但在 2007 年 10 月，琼斯承认她在奥运会期间服用过兴奋剂药物类固醇后，被国际奥委会剥夺在悉尼奥运会上获得的所有奖牌。

★中国乒乓球继续包揽全部金牌

在 2000 年悉尼奥运会乒乓球项目中，王楠顺利接过了邓亚萍的旗帜，获得单打金牌，并与李菊一起获得女子双打金牌。孔令辉成功圆梦男子单打，获得单打金牌。在男子双打项目中，王励勤、闫森获得金牌。中国队第二次包揽四枚金牌，继续中国乒乓球的鼎盛时期。

【首体院风采】

★第 27 届奥运会代表团报告会在首都体育学院举行

2000 年 9 月开始，首都体育学院副院长李颖川、邢晓燕开始参与北京申奥代表团执行申奥工作任务。2000 年 10 月 9 日，第 27 届奥运会代表团报告会在首都体育学院大学生体育馆举行，大会由教育部党组副书记、副部长吕福源主持。代表团团长袁伟民、教练员李永波和优秀运动员代表陶璐娜、熊倪、孔令辉、孙雯及主持人白岩松在大会上向首都大学生代表 4000 多人作了精彩的报告。

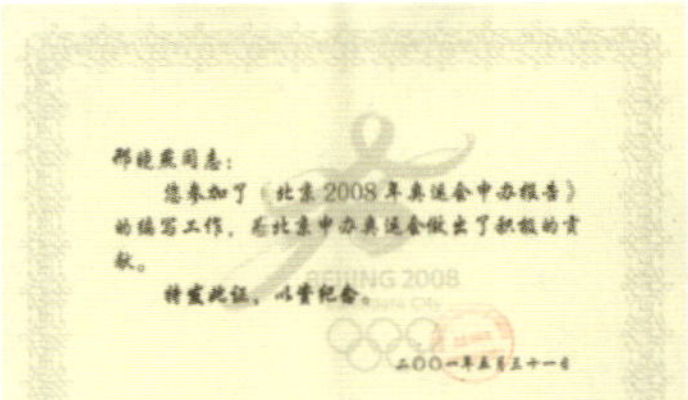
邢晓燕同志：
您参加了《北京 2008 年奥运会申办报告》的编写工作，为北京申办奥运会做出了积极的贡献。
特发此证，以资纪念。
二〇〇一年五月三十一日

首都体育学院邢晓燕参加《北京 2008 年北京奥运会申办报告》撰写工作

★国际奥委会执委到首都体育学院考察

2000 年 12 月 29 日，国际奥委会执委、世界跆拳道联合会主席金云龙一行到首都体育学院考察，首都体育学院副院长李鸿江代表全院师生员工热烈欢迎主席先生的到来，并向主席先生表示问候和敬意。金云龙先生被聘请为首都体育学院名誉教授，并做《21世纪的体育》专题讲座。他祝贺中国体育代表团在悉尼取得的优异成绩，并预祝中国申办2008年奥运会成功，临行前为学校题词：祝世界雄飞。

★首都体育学院学生获悉尼奥运会奖牌

2000年9月17日，在第27届悉尼奥运会射击赛场上，第一次参加奥运会的首都体育学院学生陶璐娜在女子气手枪项目上经过3个多小时的技术、体力和意志力的考验，以690.4环的成绩为中国队夺得本届奥运会首金。9月22日，首都体育学院学生杨凌、牛致远分别获得男子10米移动靶的金牌和铜牌，他们的成绩分别是681.1环和677.4环。2000年，首都体育学院获得第27届奥运会科研攻关与科技服务一等奖。

首都体育学院学生陶璐娜在2000年悉尼奥运会射击比赛中获得金牌

首都体育学院学生杨凌、牛致远在2000年悉尼奥运会射击比赛中分获金牌和铜牌

第 28 届夏季奥林匹克运动会

——希腊·雅典·2004

会　　期： 2004 年 8 月 13 日—8 月 30 日

主办城市： 希腊（Greece）·雅典（Athens）

参加国家和地区： 201 个

参赛运动员： 10625 人，其中女性 4329 人

竞赛项目： 301 项

第 28 届奥运会重新回到了希腊雅典举办，是奥林匹克大家庭最大规模的一次团圆，本届奥运会的口号是“欢迎回家（Welcome home）”。奥运会开幕前的圣火传递开创了多项第一，火炬首次传遍了五大洲，经过了全球 35 个城市的传递后回到雅典，并第一次到达了非洲和南美洲的土地上。由于这届奥运会是第一个在“9·11”事件后举行的奥运会，且在距开幕 5 个月前，西班牙发生了马德里 3·11 爆炸案，因此奥运会的安全问题被高度重视。希腊政府在安保方面的投入高达 15 亿美元，调动了 7 万人的安全部队，是奥运会有史以来安全投入最高的一次。本届奥运会世界各国及各地区全数的奥林匹克委员会都向希腊雅典派出了体育代表团，使参加国家及地区历史性地达到了 201 个。比赛共产生 926 枚奖牌，美国、中国和俄罗斯分别排在金牌榜前三位。中国此次派出了包括 407 名运动员的代表团参加了 26 个大项的比赛，以奖牌总数 63 枚的优异成绩一举登上奖牌榜的第二位，金牌数和奖牌总数两项指标都创下了中国自参加奥运会以来的单届最高纪录，也均超过了在四年前悉尼奥运会上创造的历史最好成绩。

2004 年第 28 届夏季奥运会奖牌榜

名次	国家或地区	金牌	银牌	铜牌
1	美国	36	39	26
2	中国	32	17	14

续表

名次	国家或地区	金牌	银牌	铜牌
3	俄罗斯	28	26	36
4	澳大利亚	17	16	17
5	日本	16	9	12
6	德国	13	16	20
7	法国	11	9	13
8	意大利	10	11	11
9	韩国	9	12	9
10	英国	9	9	12
11	古巴	9	7	11
12	匈牙利	8	6	3
13	乌克兰	8	5	9
14	罗马尼亚	8	5	6
15	希腊	6	6	4
16	巴西	5	2	3
17	挪威	5	–	1
18	荷兰	4	9	9
19	瑞典	4	2	1
20	西班牙	3	11	6
21	加拿大	3	6	3
22	土耳其	3	3	4
23	波兰	3	2	5
24	新西兰	3	2	–
25	泰国	3	1	4
26	白俄罗斯	2	5	6
27	奥地利	2	4	1
28	埃塞俄比亚	2	3	2
29	伊朗	2	2	2
30	斯洛伐克	2	2	2
31	中国台北	2	2	1

续表

名次	国家或地区	金牌	银牌	铜牌
32	格鲁吉亚	2	2	–
33	保加利亚	2	1	9
34	丹麦	2	1	5
35	牙买加	2	1	2
36	乌兹别克斯坦	2	1	2
37	摩洛哥	2	1	–
38	阿根廷	2	–	4
39	智利	2	–	1
40	哈萨克斯坦	1	4	3
41	肯尼亚	1	4	2
42	捷克	1	3	5
43	南非	1	3	2
44	克罗地亚	1	2	2
45	立陶宛	1	2	–
46	瑞士	1	1	3
47	埃及	1	1	3
48	印度尼西亚	1	1	2
49	津巴布韦	1	1	1
50	阿塞拜疆	1	–	4
51	比利时	1	–	2
52	巴哈马	1	–	1
53	以色列	1	–	1
54	喀麦隆	1	–	–
55	多米尼加	1	–	–
56	阿联酋	1	–	–
57	朝鲜	–	4	1
58	拉脱维亚	–	4	–
59	墨西哥	–	3	1
60	葡萄牙	–	2	1

续表

名次	国家或地区	金牌	银牌	铜牌
61	芬兰	–	2	–
62	塞尔维亚和黑山	–	2	–
63	斯洛文尼亚	–	1	3
64	爱沙尼亚	–	1	2
65	中国香港	–	1	–
66	巴拉圭	–	1	–
67	印度	–	1	–
68	哥伦比亚	–	–	2
69	委内瑞拉	–	–	2
70	尼日利亚	–	–	2
71	厄立特里亚	–	–	1
72	蒙古	–	–	1
73	特立尼达和多巴哥	–	–	1
74	叙利亚	–	–	1

*数据来源于https://olympics.com/en/olympic-games/athens-2004/medals（2021-5-8）

【奥运奖牌】

2004 年雅典奥运会奖牌的设计彻底改变了原有的奖牌样式：正面是胜利女神飞进了帕纳辛纳克体育场（第 1 届现代奥运会主会场），给运动员带来胜利；会场外耸立着雅典的标志建筑——雅典卫城。背面由 3 个部分构

成：上面是本届奥运会的会徽；中间是古希腊著名抒情诗人品达为公元前460年举行的第8届古代奥运会所写的赞美诗中的开篇词句；下面是熊熊燃烧、永不熄灭的火炬。本届奥运会奖牌的设计者为埃莱娜·沃特斯。奖牌直径为60mm，重约150克。

【参与奖章】

2004年雅典奥运会参与奖章正面图案由希腊文字、本届奥运会会徽和爱琴海波浪组成。背面图案为希腊文字、爱琴海波浪和本届奥运会举办时间文字组成。直径约为5cm。

【奥运记忆】

★美国男篮“梦之队”失利

有“梦之队”之称的美国男篮队在四强赛被阿根廷击败，这是自1992年起国际奥委会批准NBA球员参赛以来，美国第一次未能夺冠，最后美国在季军战击败立陶宛获得铜牌。阿根廷男子足球队以零失球的成绩夺得金牌，让阿根廷成为首个同届夺得男足和男篮两个项目金牌的国家。

★中国男子田径项目的首枚奥运金牌——飞人刘翔

在本届奥运会上，“亚洲飞人”刘翔在男子110米栏项目中，以12秒91的成绩获得金牌，同时这个成绩平了杰克逊在1993年创造的世界纪录，并同时打破12秒95的奥运会纪录。男子110米栏是一项爆发力、速度和跨栏技巧相结合的竞赛运动，刘翔的夺冠是中国选手第一次在男子田径项目中获得金牌。

【首体院风采】

★首都体育学院学生参加雅典奥运圣火传递

2004年6月9日，雅典奥运圣火火炬在北京传递，首都体育学院社会体育系2001级学生熊晨熙作为148名火炬接力手之一，担当第16棒。

首都体育学院学生熊晨熙

★首都体育学院学生罗微获雅典奥运会金牌

2004年8月29日，首都体育学院竞技体育系2001级学生罗微在雅典第28届奥运会女子跆拳道67公斤以下级决赛中，以8∶6战胜希腊选手，获得冠军，为中国奥运代表团夺得了第29枚金牌。

★首都体育学院学生李岩松获雅典残奥会金、银牌

首都体育学院运动训练系2001级学生李岩松在第12届残疾人奥运会男子4×100米T11–T13级接力决赛中夺得金牌，在男子400米T12级比赛中夺得银牌，并打破了这两项残奥会纪录。

首都体育学院学生李岩松

★首都体育学院获“第28届奥运会突出贡献奖”

2005年3月30日，在2005年北京市体育工作会上，首都体育学院被北京市体育局授予“第28届奥运会突出贡献奖”。此次表彰分为“第28届奥运会突出贡献奖”“第28届奥运会贡献奖”“为第28届奥运会培养后备人才突出贡献奖”“为第28届奥运会培养人才贡献奖”4个奖项。

★2008年奥运会申办评估团到首都体育学院考察

2001年2月24日，2008年奥运会申办评估团到首都体育学院考察，成员有国际奥委会执委谢尔盖·不勃卡，国际曲棍球联合会秘书长艾尔斯·冯·弗里斯曼，国际篮球联合会副秘书长帕特里克·鲍曼，国际马术联合会三日赛和奥林匹克部经理卡特琳·诺林德，澳大利亚奥委会体育部主任鲍博·埃尔芬斯通等。党委书记张来芬，副院长李鸿江、李颖川等陪同。评估团成员对首都体育学院田径馆的情况进行了详细了解，北京奥审委官员和首都体育学院领导向评估团介绍了将在首都体育学院建造的供奥运会柔道和跆拳道比赛使用的首都体育学院体育馆的情况。

★首都体育学院举办“奥林匹克知识竞赛”

2001年5月28—31日，为了配合北京申奥系列活动，同时表达全院广大师生对申奥的支持，首都体育学院举办“奥林匹克知识竞赛”，共有11支代表队参赛。经过激烈角逐，最后结果如下：运动系99级获一等奖，运动人体科学系一队、运动系98级获二等奖，体育系98级、体育系2000级、人体科学系二队获三等奖。

★北京—悉尼高级体育管理人才培训班第一阶段
在首都体育学院举行

2002年9月11日，为适应北京举办2008年奥运会和体育事业发展对各类管理人才的需求，第1期北京—悉尼高级体育管理人才培训班开班，为期3个月。课程设置均选择与奥运有关联的产业与行业，着重就体育赛事管理、体育场馆管理、体育管理、奥林匹克运动、体育产业和体育英语六大模块课程，有针对性地进行培训。学习分两个阶段进行。第一个月在首都体育学院进行体育英语强化和专题培训，其余两个月到澳大利亚悉尼科技大学商学院进行专题课程培训。

第29届夏季奥林匹克运动会

——中国·北京·2008

会　　期： 2008年8月8日—8月24日

主办城市： 中国（People's Republic of China）·北京（Beijing）

参加国家和地区： 204个

参赛运动员： 10942人，其中女性4637人

竞赛项目： 302项

第29届夏季奥运会于2008年8月8日至24日在中国首都北京举行。这是中国首次举办的夏季奥运会，也是继1964年东京奥运会和1988年汉城奥运会后，奥运会第三次在亚洲国家举行。为申办这届奥运会，北京提出“新北京，新奥运”的竞选口号和“绿色奥运”“人文奥运”“科技奥运”的理念，并最终于2001年7月13日举办的国际奥委会会议中击败伊斯坦布尔、大阪、巴黎及多伦多4个竞争对手，成功获得主办权。本届奥运会的“祥云”火炬从2008年3月24日在希腊被点燃，并于2008年8月8日晚传递至北京国家体育场鸟巢，整个火炬接力过程历时130天，总里程约13.7万公里，走过了全球五大洲的20座城市，参加传递的火炬手达21780人。2008年北京奥运会共有204个国家和地区的运动员参赛，最终中国作为主办国以48枚金牌成为金牌榜首名，是奥运历史上首个登上金牌榜榜首的亚洲国家，这一成绩进一步彰显了中国作为体育强国的地位。美国则以112枚奖牌（36金、39银、37铜）成为本届奥运会获得最多奖牌的国家。

2008年第29届夏季奥运会奖牌榜

名次	国家或地区	金牌	银牌	铜牌
1	中国	48	22	30
2	美国	36	39	37
3	俄罗斯	24	13	23
4	英国	19	13	19

续表

名次	国家或地区	金牌	银牌	铜牌
5	德国	16	11	14
6	澳大利亚	14	15	17
7	韩国	13	11	8
8	日本	9	8	8
9	意大利	8	9	10
10	法国	7	16	20
11	荷兰	7	5	4
12	乌克兰	7	4	11
13	肯尼亚	6	4	6
14	西班牙	5	11	3
15	牙买加	5	4	1
16	波兰	4	5	2
17	埃塞俄比亚	4	2	1
18	罗马尼亚	4	1	4
19	古巴	3	10	17
20	加拿大	3	9	8
21	匈牙利	3	5	2
22	挪威	3	5	1
23	巴西	3	4	10
24	白俄罗斯	3	4	7
25	捷克	3	3	1
26	斯洛伐克	3	3	–
27	新西兰	3	2	4
28	格鲁吉亚	3	2	2
29	哈萨克斯坦	2	3	4
30	丹麦	2	2	3
31	泰国	2	2	2
32	朝鲜	2	2	2

续表

名次	国家或地区	金牌	银牌	铜牌
33	蒙古	2	2	–
34	瑞士	2	1	4
35	阿根廷	2	–	4
36	墨西哥	2	–	2
37	比利时	2	–	–
38	津巴布韦	1	3	–
39	斯洛文尼亚	1	2	2
40	阿塞拜疆	1	1	4
41	印度尼西亚	1	1	4
42	土耳其	1	1	3
43	保加利亚	1	1	3
44	芬兰	1	1	2
45	中国台北	1	1	2
46	拉脱维亚	1	1	1
47	爱沙尼亚	1	1	–
48	葡萄牙	1	1	–
49	多米尼加	1	1	–
50	特立尼达和多巴哥	1	1	–
51	印度	1	–	2
52	伊朗	1	–	1
53	喀麦隆	1	–	–
54	突尼斯	1	–	–
55	巴拿马	1	–	–
56	瑞典	–	4	1
57	立陶宛	–	2	3
58	尼日利亚	–	2	3
59	克罗地亚	–	2	3

续表

名次	国家或地区	金牌	银牌	铜牌
60	哥伦比亚	–	2	1
61	希腊	–	2	1
62	亚美尼亚	–	1	4
63	乌兹别克斯坦	–	1	3
64	奥地利	–	1	2
65	爱尔兰	–	1	2
66	塞尔维亚	–	1	2
67	吉尔吉斯斯坦	–	1	2
68	阿尔及利亚	–	1	1
69	巴哈马	–	1	1
70	摩洛哥	–	1	1
71	塔吉克斯坦	–	1	1
72	智利	–	1	–
73	马来西亚	–	1	–
74	苏丹	–	1	–
75	厄瓜多尔	–	1	–
76	越南	–	1	–
77	冰岛	–	1	–
78	新加坡	–	1	–
79	南非	–	1	–
80	萨摩那	–	1	–
81	埃及	–	–	2
82	摩尔多瓦	–	–	1
83	以色列	–	–	1
84	毛里求斯	–	–	1
85	阿富汗	–	–	1
86	委内瑞拉	–	–	1
87	多哥	–	–	1

*数据来源于https://olympics.com/en/olympic-games/beijing-2008/medals（2021-5-8）

【奥运奖牌】

本届奥运会奖牌正面使用国际奥委会统一规定的图案——站立的胜利女神和希腊帕纳辛纳科竞技场。奖牌背面镶嵌着取自中国古代龙纹玉璧造型的玉璧，正中的金属图形上镌刻着北京奥运会的会徽。奖牌挂钩由中国传统玉双龙蒲纹璜演变而成。奖牌直径 70mm，厚 6mm。整个奖牌尊贵典雅，中国特色浓郁，既体现了对获奖者的礼赞，也形象诠释了中华民族自古以来以“玉”比“德”的价值观。它和谐地将中国文化与奥林匹克精神结合在一起，是中华文明与奥林匹克精神在北京奥运会形象景观工程中的又一次“中西合璧”。与奖牌一起的包装盒和丝带也均具备中国传统文化审美意趣，凸显了鲜明的中国特色和民族风格。北京奥运会奖牌包装盒为中国传统工艺制作的木质漆盒，四方造型，天地盖四边略呈弧形，喻天地四方、六合美满之意。丝带由机织而成，朱地云纹，喜庆祥瑞。在这届奥运会上中国获得48枚金牌，首次位列夏季奥运会金牌榜第一名。

【参与奖章】

2008 年北京奥运会参与奖章正面为本届奥运会会徽和主体育场图案，背面由福娃吉祥物和祥云图案组成。直径约为55mm。

【奥运记忆】

★北京奥运之最

2008 年北京奥运会有来自 204 个国家的运动员参加 28 个大项、302 个小项的比赛，刷新了 38 项世界纪录和 85 项奥运会纪录，创参赛人数、项目数量和竞技水平之最。

8 月 8 日，北京奥运会开幕式在国家体育场（鸟巢）举行，中国人民把最美的礼赞奉献给了全世界，全球约有 20 亿人观看，超过世界人口的三分之一。此次奥运会的主题口号：“同一个世界，同一个梦想”（英语：One World，One Dream）。北京奥运会共使用了 37 个比赛和 58 个训练场馆，这些一流的运动设施、设备的种类、技术、规模和运行时间均创造了历届奥运之最。

鸟巢　水立方

青岛　秦皇岛

沈阳

2008年北京奥运会同时诞生了两名举世瞩目的水上和陆上“飞人”——美国选手迈克尔·菲尔普斯在水立方连夺八枚金牌，成为同一届奥运会中获得金牌最多的运动员及奥运会累计获得金牌总数最多的运动员；而牙买加选手尤塞恩·博尔特则在鸟巢先后以破世界纪录的成绩夺得男子100米、男子200米及男子4×100米接力3枚金牌，被媒体誉为“全世界跑得最快的人”。

★中国印·舞动的北京

2008年第29届北京奥运会会徽是“中国印·舞动的北京”，由张武、郭春宁、毛诚设计。“中国印·舞动的北京”将中国特色、北京特点和奥林匹克运动元素巧妙结合，字体采用了中国毛笔字汉简的风格，设计独特。总体结构与独立结构比例协调，外形及特点富含中国传统文化。“中国印·舞动的北京”由三部分构成：“京”字中国印，篆书“京”字图案形似一个奔跑冲刺的运动员，又如一个载舞之人欢迎奥运会的召开，既代表奥运会举办地北京，同时又极富中国东方的神韵；汉语拼音“Beijing”和“2008”字样，象征2008年北京奥运会；奥运五环：奥林匹克精神的象征。

北京奥运会会徽

★奥运吉祥物——福娃

福娃是 2008 年第 29 届北京奥运会的吉祥物。由作家郑渊洁提议本次奥运会吉祥物数量应该最多，后来又提议与奥运五环相匹配。之后再由画家韩美林设计完成。2005 年 11 月 11 日，在距离北京奥运会开幕恰好 1000 天时福娃正式发布问世。五位福娃分别为“贝贝”“晶晶”“欢欢”“迎迎”“妮妮”，把五个福娃的名字连在一起，会读出北京对世界的盛情邀请“北京欢迎你”。福娃向世界各地的孩子们传递友谊、和平、积极进取的精神和人与自然和谐相处的美好愿望。福娃也代表了中国的奥运梦想以及中国人民的渴望。他们的原型和头饰蕴含着其与海洋、森林、火、大地和天空的联系，其形象设计应用了中国传统艺术的表现方式，展现了中国的灿烂文化。

北京奥运会吉祥物

【首体院风采】

★ 2008 工程建设指挥部办公室在首都体育学院召开现场办公会

2005 年 10 月 10 日，2008 工程建设指挥部办公室（简称“08 办”）在首都体育学院召开现场办公会，对学院奥运训练场馆修缮改造的有关项目逐项进行了研究，与会领导和专家察看了现场并对有关项目提出了修缮改造意见。“08 办”主任助理田萌、首都体育学院副院长王秀卿、场馆管理中心主任霍建新、总务处基建办主任纪峰等有关人员出席会议。11 月，“08 办”

根据现场勘查及奥组委对训练场馆的技术标准和使用要求，送达了《关于首都体育学院修缮改造项目及预算有关的函》，对首都体育学院奥运训练场馆修缮改造项目内容予以正式确认。首都体育学院拥有北京奥运会柔道、跆拳道、足球、体操和田径5个项目训练场馆。

★首都体育学院奥运场馆建设工作

2005 年 10 月 26 日，首都体育学院成立奥运场馆建设工作领导小组和奥运场馆监督工作领导小组。奥运场馆建设工作领导小组组长由院长李鸿江、副院长王秀卿担任，成员有徐良彦、齐力新、霍建新、王学兰、赵志英、纪峰等。奥运场馆监督工作领导小组组长由党委副书记吴淑荣担任，成员有纪峰、王学兰、张志朝、吴金玲、孟小放。2007 年 11 月 7 日，北京市奥运场馆工程建设监督工作领导小组对首都体育学院奥运场馆工程建设监督工作情况进行检查，检查组到游泳馆和田径场进行了实地检查。

★国际友人到访和考察首都体育学院

2005 年 11 月 17 日，比利时奥委会主任委员会委员、2008 年北京奥运会比利时代表团团长、国际奥委会主席雅克·罗格的儿子菲利普·罗格（Philippe Rogge）到访首都体育学院，院长李鸿江与客人会面。2006 年 4 月 26 日，国际柔道联合会奥运场馆考察团考察首都体育学院第 29 届奥运会柔道比赛训练场馆。院长李鸿江、副院长李颖川会见客人。2006年5月10日，希腊国际奥林匹克学院院长、国际奥委会文化、教育委员会委员、希腊史委会委员考斯塔斯·乔治艾德斯博士来首都体育学院交流访问，北京市相关领导及首都体育学院党委书记张来芬、院长李鸿江、副院长李颖川等会见客人。

★首都体育学院党委书记李鸿江被聘请为北京奥运培训顾问

2006 年 9 月 5 日以“人文奥运与教育培训”为主题的北京奥运培训工作研讨会在北京航空航天大学开幕。国内外 150 多名专家、学者参加了此次研讨会，研究交流北京奥运培训工作。研讨会上，北京奥运培训工作协调小组聘请了何振梁为北京奥运培训荣誉顾问，聘请首都体育学院党委书记李鸿江等13位专家、学者为北京奥运培训顾问。研讨会上，国内外专家围绕往届奥运会培训工作经验、奥运会国际规则、奥运筹办的人才需求与培训工作等问题进行了主题演讲，并围绕测试赛培训、奥运人才需求与培训工作、奥林匹克文化与青少年成长、奥林匹克精神与首都城市精神等专题进行了交流。

★首都体育学院教师裴东光参加“国际奥林匹克学术论坛”活动

2006年10月15日，首都体育学院教师裴东光副教授应国际奥林匹克研究中心的邀请，参加了在加拿大举行的“国际奥林匹克学术论坛”活动，并在论坛上作了题为“奥林匹克与中国的渊源”大会主题发言。会后，裴东光被评为2005—2006年度两个最佳主讲人之一。“国际奥林匹克学术论坛”由国际奥林匹克研究中心主办，每2年举行一次，本次论坛有近100名学者参加。2007年5月10日，裴东光被国际奥林匹克历史学家学会接纳为正式成员。国际奥林匹克历史学家学会是国际奥委会承认的国际学术组织，主要进行奥林匹克方面的研究。

★首都体育学院被确定为“北京奥运培训基地”

2007年3月27日正逢北京奥运会倒计时500天之日，北京奥组委新闻宣传部、北京市教委在首都体育学院联合举办“走进北京奥运会北京 奥林匹克教育交流活动”。北京奥运会培训工作协调小组顾问、国际奥委会文化与奥林匹克教育委员会主席何振梁、北京市教育委员会主任刘利民、首都体育学院院长李颖川等出席此次活动。全市各区县奥林匹克教育主管领导以及200多所“同心结”学校和首都体育学院的师生300余人参加交流活动。整个活动分别进行了“同心结”活动汇报展、《奥运冠军画传》赠送、“北京奥运培训基地”授牌仪式及“同心结”活动经验交流会4项内容。何振梁主席和刘利民主任代表北京奥运会培训工作协调小组向首都体育学院授牌，李颖川院长代表首都体育学院接受“北京奥运培训基地”铜牌。“北京奥运培训基地”将重点开展奥林匹克教育师资培训工作，到2007年底，首都体育学院将为北京市培养3000名奥林匹克教育师资。

首都体育学院被确定为“北京奥运培训基地”

★首都体育学院参与“北京 2008 奥林匹克教育示范学校论坛”活动

2007 年 4 月 22 日，在北京市奥运教育工作领导小组办公室主办的“北京 2008 奥林匹克教育示范学校论坛”活动中，首都体育学院教师裴东光和茹秀英作为全国奥林匹克教育的知名专家分别担任中小学分论坛的主持人。来自全国 31 个省、市、自治区的中小学奥林匹克教育示范学校的 450 余人参加了本次论坛活动。这是自北京申奥成功以来召开的第一次全国性的奥林匹克教育论坛。首都体育学院管理与新闻系的 20 多名学生承担本次论坛志愿服务工作，出色完成了各项任务。

★“迎奥运”首都高校武术比赛在首都体育学院举行

2007 年 4 月 28 日，“迎奥运”首都高校武术比赛在首都体育学院举行。首都体育学院副院长王蒲等相关部门领导出席开幕式。开幕式由首都体育学院教务处党总支书记赵志英主持。来自北京 23 所高校代表队的 239 名运动员参加本次比赛。首都体育学院民族传统体育系组队代表学院参赛，取得团体总分第一名的成绩，同时获得“体育道德风尚奖”。

★首都体育学院举行“奥运之光 · 奥运知识竞赛”

2007 年 5 月 31 日，首都体育学院举行“奥运之光 · 奥运知识竞赛”，来自各系的 6 支代表队参加比赛。通过 5 轮角逐，体育保健康复系夺得冠军，社会体育系获亚军，体育教育系名列第三。本次竞赛的宗旨是:更好地普及奥林匹克知识，提高首都体育学院青年志愿者的综合素质，迎接2008年北京奥运会测试赛的举行。

★首都体育学院发起“奥运进社区”活动

2007年10月13日，首都体育学院同北京朝阳区花家地实验小学共同发起的“奥运进社区”活动在朝阳区花家地小区拉开序幕。此次活动是高校首次牵手奥林匹克教育示范学校走进社区宣传奥运知识。首都体育学院理论学科部副主任杨铁黎和裴东光参加活动，杨铁黎和裴东光以及外国友人向社区居民赠送奥林匹克教育读本。10月22日，北京奥运会培训工作领导小组办公室、北京奥林匹克教育办公室和首都体育学院联合举办奥林匹克教育进社区研讨会。

★北京奥组委与首都体育学院签署《合作备忘录》

2007年10月15日，北京奥组委与首都体育学院就北京奥运会期间的新闻中心图书馆服务项目签署《合作备忘录》。2008年北京奥运会和残奥会期间，首都体育学院将承担北京奥运会主新闻中心图书馆项目，为参与报道的世界各国媒体记者及相关人员提供图书阅览、资料查询、读者咨询等服务。

★首都体育学院参与北京奥运会前测试赛服务工作

2007年11月24日—12月3日，首都体育学院田径馆作为奥运会独立训练场馆承担“好运北京”2007年体操国际邀请赛的训练服务任务。“好运北京”测试赛是2008年奥运会的预演和彩排，是奥运会前一项重要的实战演练任务。学院组建了训练场馆团队，由副院长齐力新担任团队经理，院办公室、总务处、场馆中心等部门参与工作。2008年3月，北京奥运会水球测试赛在首都体育学院游泳综合馆举行。

★首都体育学院召开“奥运服务保障工作誓师大会”

2008年3月20日，首都体育学院召开奥运服务保障工作誓师大会。院长李颖川，党委副书记郑瑞君，副院长王蒲、齐力新，公安、交通、消防、医疗等相关保障部门负责人，首都体育学院奥运训练馆运行团队以及500名奥运会志愿者代表等参加了誓师大会。誓师大会由副院长王凯珍主持。会上，副院长兼奥运训练馆运行团队经理齐力新、场馆中心主任霍建新和总务处处长孙海峰等人分别发言，表示要全力做好服务奥运会的各项保障工作。誓师大会上，学院和校外相关部门领导向首都体育学院志愿者授旗，志愿者代表在发言中表达了参与奥运、志愿奥运、奉献奥运的决心。

★首都体育学院开展各类迎奥运活动

2008年4月1日，首都体育学院运动系举办“奥运在运动中燃烧”大型文体晚会。4月2日，教职工“迎奥运、扑克（双升）争先赛”圆满结束。同日，民族传统体育系校外举办迎奥运宣传活动。4月11日，首都体育学院学生参加美国奥运主题巡演活动。4月20日，学院开展“平安奥运行动”督查工作。4月30日，学院举行迎奥运倒计时100天活动。5月2日，学院总务处开展“平安奥运、文明出行”宣传周活动。5月7日，学院开展“五环奥运　七彩人生”阳光心语传递活动。5月14日，平安奥运场馆中心进行消防实战演习。5月16日，学院承担北京高校奥运会驾驶员志愿者培训工作开班仪式举办，本次培训活动共4期，将为北京奥运会培训500名高校奥运会驾驶员志愿者。5月17日，学院举行奥林匹克教育进社区经验交流暨学术研讨会。5月17—18日，学院成功承办奥林匹克教育成就展示会。5月22日，学院开展“平安奥运”消防安全教育活动。6月23—24日，学院开展“平安奥运行动”第二轮督查。7月25日，学院开展“平安奥运行动”第三阶段督查工作。

2008年5月17日，奥林匹克教育成就展示会

2008 年 5 月 17 日，奥林匹克教育成就展示会在首都体育学院举办

★各级领导视察首都体育学院奥运训练场馆保障工作

2008 年 5 月 31 日，中共中央政治局委员、北京市委书记、北京奥组委主席刘淇对首都体育学院奥运训练场馆及团队运行情况进行调研。奥运会期间，首都体育学院奥运训练馆将分别承担柔道、跆拳道、体操、水球、足球5个项目的训练服务任务。6月20日，首都体育学院召开奥运训练场馆业主保障责任书签订会。7 月 27 日，首都体育学院体操训练馆向各国体操运动队开放。8 月 4 日，海淀区委副书记关成启视察首都体育学院奥运训练场馆工作。

★奥林匹克教育博物馆在首都体育学院落成

2008 年 8 月 5 日，奥林匹克教育博物馆在首都体育学院落成。国际奥委会前副主席庞德先生参加“奥林匹克教育博物馆”揭牌仪式并揭牌。当日有10位国际奥委会委员和来自世界各个国家和地区的80多位奥林匹克专家和学者参观了“奥林匹克教育博物馆”，并给予高度评价。奥林匹克教育博物馆以奥林匹克元素和中国文化元素为背景，运用开放式理念和高科技手段诠释了和平、友谊、理解、进步的奥林匹克精神。博物馆共分古奥运雕塑展、北京中小学生创意产品展、北京奥林匹克教育图片展、奥运特许精品展以及奥林匹克教育图书展等几个板块，充分反映了中国人民对奥运的期盼和对奥林匹克教育内涵的深刻理解。

首都体育学院奥林匹克教育博物馆落成

★首都体育学院奥运图书馆圆满完成媒体服务工作

2008年7月8日—8月26日，北京奥运会媒体报道工作大本营——主新闻中心、国际广播中心开始营运。设在主新闻中心内的奥运图书馆由首都体育学院负责运营。图书馆工作人员团队由首都体育学院院长李颖川任总指挥，主管图书馆业务的王蒲副院长任副总指挥，成员全部由学院图书馆骨干教师组成，另配2名语言服务志愿者。作为北京奥运会期间唯一的图书馆，在奥组委新闻宣传部的领导下，经过首都体院奥运图书馆团队的共同努力，于2008年北京奥运会期间，接待读者近3000人次，向全世界媒体展现出了良好的工作状态，为记者提供了优质的服务，受到了国内外各方面的一致好评。

★首都体育学院副院长参与北京奥运会圣火传递

2008年8月6日，首都体育学院副院长、训练场馆运行团队经理齐力新作为北京奥运会圣火传递北京地区火炬手，于8月6日在丰台区进行了火炬传递。

★首都体育学院圆满完成奥运服务工作

首都体育学院作为北京市属的唯一一所体育院校，承担了奥运会的体操、柔道、跆拳道、水球和足球5个项目和残奥会盲人柔道项目的训练任务，接待了152个国家和地区11190人次的运动员和官员及近500人次的境内外记者。首都体育学院以其无可挑剔的服务，得到了社会各界广泛的好评，共有130多人次获得上级部门的表彰。其中，院办主任徐良彦获得由中共中央、国务院颁发的“北京奥运会残奥会先进个人”证书。学院训练场馆群运行团队被中共北京市委、北京市人民政府、北京奥组委联合评为“北京奥运会残奥会五好团队”和“北京奥运会残奥会先进集体”，被北京市总工会评为“奥运立功工人先锋号”。在由北京市委教育工委宣教处、北京市高等学校校报研究会共同主办的北京校报“奥运好新闻”评奖活动中，首都体育学院的“奥运图书馆圆满完成试运行工作”和“国际奥林匹克学术大会在首都体育学院召开”两条新闻获得三等奖。

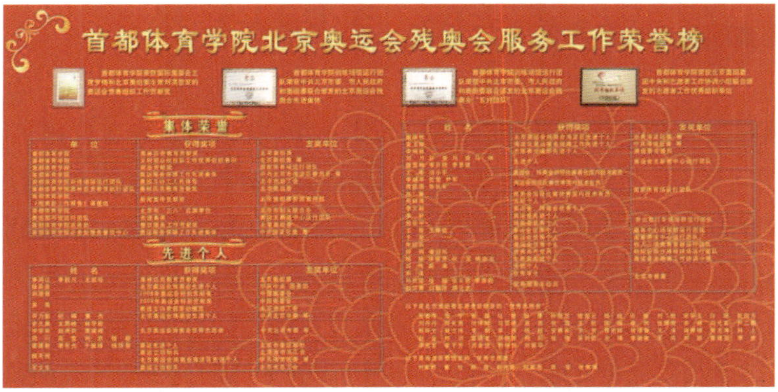

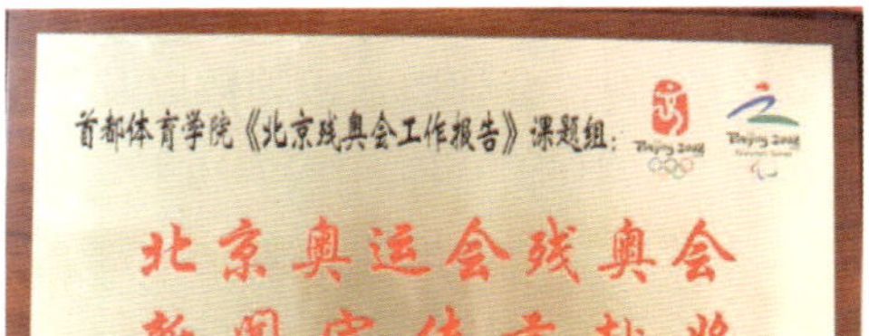

首都体育学院获得的2008年奥运会表彰证书、奖杯

第30届夏季奥林匹克运动会

——英国·伦敦·2012

会　　期：2012年7月27日—8月12日

主办城市：英国（Great Britain）·伦敦（London）

参加国家和地区：204个

参赛运动员：10568人，其中女性4676人

竞赛项目：302项

国际奥委会于2005年宣布由伦敦主办第30届奥运会，这也是继1908年和1948年后，伦敦第三次获取夏季奥运会举办权，成为至今举办奥运会次数最多的城市。英国女王伊丽莎白二世继在1976年加拿大蒙特利尔奥运会后第二次宣布奥运会开幕，她也因此成为史上唯一两次宣布夏季奥运会开幕的国家元首。除去4位以个人名义参赛的运动员外，本届奥运创下所有会员国全员到齐的纪录。来自204个国家和地区的10568名运动员参加了此次比赛。美国以46枚金牌和104枚奖牌的成绩同时摘得金牌榜和奖牌榜榜首。中国获38枚金牌、31枚银牌、22枚铜牌，金牌数、银牌数以及奖牌总数均位居第二位。东道主英国在奖牌榜上位居第3名，获得29枚金牌、17枚银牌和19枚铜牌，创下其1908年以来奖牌总数的最好成绩。

2012年第30届夏季奥运会奖牌榜

名次	国家或地区	金牌	银牌	铜牌
1	美国	46	28	30
2	中国	38	31	22
3	英国	29	17	19
4	俄罗斯	20	19	28
5	韩国	13	9	8
6	德国	11	20	13

续表

名次	国家或地区	金牌	银牌	铜牌
7	法国	11	11	13
8	澳大利亚	8	15	12
9	意大利	8	9	11
10	匈牙利	8	4	6
11	日本	7	14	17
12	荷兰	6	6	8
13	伊朗	6	6	1
14	新西兰	6	2	5
15	乌克兰	5	4	10
16	古巴	5	3	7
17	西班牙	4	10	4
18	牙买加	4	5	3
19	捷克	4	3	4
20	南非	4	1	1
21	朝鲜	4	–	2
22	巴西	3	5	9
23	埃塞俄比亚	3	2	2
24	哈萨克斯坦	3	1	7
25	波兰	3	1	7
26	克罗地亚	3	1	2
27	加拿大	2	5	11
28	白俄罗斯	2	5	3
29	罗马尼亚	2	5	2
30	肯尼亚	2	4	6
31	丹麦	2	4	3
32	阿塞拜疆	2	2	6
33	瑞士	2	2	–

续表

名次	国家或地区	金牌	银牌	铜牌
34	挪威	2	1	1
35	立陶宛	2	–	3
36	突尼斯	1	1	1
37	瑞典	1	4	3
38	墨西哥	1	3	4
39	哥伦比亚	1	3	4
40	格鲁吉亚	1	2	3
41	爱尔兰	1	1	4
42	阿根廷	1	1	2
43	斯洛文尼亚	1	1	2
44	塞尔维亚	1	1	2
45	特立尼达和多巴哥	1	1	2
46	土耳其	1	1	1
47	多米尼加	1	1	–
48	拉脱维亚	1	–	1
49	中国台北	1	–	1
50	格林纳达	1	–	–
51	巴林	1	–	–
52	委内瑞拉	1	–	–
53	阿尔及利亚	1	–	–
54	乌干达	1	–	–
55	巴哈马	1	–	–
56	埃及	–	3	1
57	印度	–	2	4
58	蒙古	–	2	3
59	泰国	–	2	2
60	保加利亚	–	2	1

续表

名次	国家或地区	金牌	银牌	铜牌
61	芬兰	–	2	1
62	印度尼西亚	–	2	1
63	斯洛伐克	–	1	3
64	比利时	–	1	2
65	波多黎各	–	1	1
66	爱沙尼亚	–	1	1
67	亚美尼亚	–	1	1
68	马来西亚	–	1	1
69	博茨瓦纳	–	1	–
70	危地马拉	–	1	–
71	葡萄牙	–	1	–
72	黑山	–	1	–
73	加蓬	–	1	–
74	塞浦路斯	–	1	–
75	卡塔尔	–	–	2
76	希腊	–	–	2
77	新加坡	–	–	2
78	乌兹别克斯坦	–	–	2
79	沙特阿拉伯	–	–	1
80	科威特	–	–	1
81	阿富汗	–	–	1
82	中国香港	–	–	1
83	塔吉克斯坦	–	–	1
84	喀麦隆	–	–	1
85	摩洛哥	–	–	1

*数据来源于https://olympics.com/en/olympic-games/london-2012/medals（2021-5-8）

【奥运奖牌】

2012年伦敦奥运会奖牌的直径为85mm，重量高达400克，其重量要大大高于以往大部分奥运会的奖牌，在夏季奥运会中是最重的。奖牌正面为国际奥委会统一规定的图案——插上翅膀站立的希腊胜利女神和希腊潘纳辛纳科竞技场。背面正中刻着伦敦奥运会“2012标志”，而旁边则由纵横交错的线条组成，据说这象征着伦敦城市跳动的脉搏，而在奖牌的正中还有一条蜿蜒的泰晤士河。

【参与奖章】

2012年伦敦奥运会参与奖章的正面为本届奥运会的会徽图案，背面为奥林匹克五环图形。锡合金材质。奖章直径约为40mm。

【奥运记忆】

★中国体育代表团伦敦奥运会新突破

在2012年伦敦奥运会上，中国体育代表团打破6项世界纪录和6项奥运会纪录，并创中国代表团在境外参加奥运会的最好成绩。2012年7月28日，易思玲在伦敦奥运会女子10米气步枪项目上获得金牌，亦是2012年伦敦奥运会的第一枚金牌。中国体育代表团取得了众多突破，有8个项目首次获得奥运会金牌、17个项目首次获得奥运会奖牌，反映出中国竞技体育在项目结构调整、均衡发展上取得了成效。帆船运动员徐莉佳、男子花剑运动员雷声、男子游泳运动员孙杨等，在欧美选手强势项目中脱颖而出。

★奥林匹克史上羽毛球男子单打卫冕第一人——林丹

2012年8月5日，在伦敦奥运会羽毛球单打决赛中，中国羽毛球运动员林丹与马来西亚羽毛球运动员李宗伟巅峰对决。最终，林丹耗时79分钟2：1逆转击败李宗伟，夺得2012年伦敦奥运会羽毛球男子单打冠军金牌，成为奥林匹克史上羽毛球男子单打卫冕第一人。

【首体院风采】

★奥林匹克教育论坛举办

2011年8月9日，由北京市政府、北京奥运城市促进会、北京奥林匹克教育研究会主办，首都体育学院奥林匹克研究中心承办的奥林匹克教育论坛在北京国际会议中心成功举行。论坛主题为“奥林匹克运动与青少年身心和谐发展”。来自北京市奥林匹克教育示范校、南京奥林匹克教育示范校、北京市教委、南京市教委和南京市青奥会组委会的40多名代表参加论坛。首都体育学院院长钟秉枢做大会主题报告。

★首都体育学院奥林匹克教育博物馆加入“北京高校博物馆联盟”

2012年4月10日，北京高校博物馆联盟成立大会在中国地质大学国际会议中心隆重召开。北京市教委副主任付志峰、北京地区部分高校代表出席会议。作为“联盟”发起单位代表，首都体育学院副院长谢军当选为北京高校博物馆理事会副理事长，并应邀参加此次大会。本次大会上，首都体育学院奥林匹克教育博物馆加入联盟并成为“北京高校博物馆联盟”十家核心成员单位之一。

★首都体育学院代表团赴保加利亚参加“奥林匹克运动和大众体育”论坛

2012年5月16日，受国际体育大学校长协会邀请，首都体育学院党委书记李鸿江、国际教育学院院长王皋华、期刊部主任王子朴一行三人前往保加利亚首都索菲亚参加第16届“奥林匹克运动和大众体育”论坛。

★首都体育学院代表团赴伦敦参加2012年奥运科学大会

2012年7月19日至24日，国际运动科学、体育教育与运动医学大会（简称“奥运科学大会”）在英国格拉斯哥市苏格兰会展中心召开。本届大会以“运动，激发学术遗产”为主题，首都体育学院共有50篇论文入选，在全国16所体育院校中名列前茅。首都体育学院院长钟秉枢、副院长王蒲、副院长王凯珍和另外8位教师参加大会，口头报告论文3篇，墙报交流论文1篇。

★首都体育学院举办“奥运明星进校园”活动

2012年9月20日，中国女篮主教练、首都体育学院教师孙凤武，花样游泳队教练、首都体育学院2000级学生张晓欢，2012年伦敦奥运会男子花剑个人冠军雷声，2012年伦敦奥运会女子重剑团体赛冠军、个人季军孙玉洁，2012年伦敦奥运会男子双人跳水十米台冠军曹缘，2012年伦敦奥运会花样游泳团体亚军、首都体育学院2006级学生常思等奥运明星走进首都体育学院，与全校师生进行了交流与互动。

首都体育学院 2000 级学生张晓欢

★首都体育学院科研团队参与服务
伦敦奥运会

2012 年，首都体育学院 8 名教师成为中国首批“身体功能训练团队”培训专家，加入了备战伦敦奥运会的国家女子排球队、国家女子曲棍球队、国家女子自行车队和国家击剑队等“身体功能训练团队”，从事有关训练工作；3 名教师担任伦敦奥运会国家足球队、自行车队、手球队科研团队负责人。首都体育学院郑晓鸿教授带领的科研团队，为中国场地自行车项目在伦敦奥运会上取得 2 银 1 铜的历史最好成绩做出了重大贡献，被授予第30届伦敦奥运会“自行车项目科研团队贡献奖”。

★首都体育学院教师裴东光赴伦敦领取国际奥林匹克
“维凯拉斯成就奖”

7 月 25 日，2012 年度国际奥林匹克“维凯拉斯成就奖”颁奖仪式在伦敦林肯酒店举行。首都体育学院教师裴东光有幸成为第一位获此殊荣的亚洲人。“维凯拉斯奖”以第一任国际奥委会主席维凯拉斯（Vikelas）的名字命名，在世界范围内评选，每年获奖人士不超过 3 人。另两位获奖人分别是俄罗斯奥委会副主席、莫斯科体育大学院长，历史学家、81 岁高龄的维拉地米尔教授和 75 岁的俄罗斯历史学家奥利格。国际奥林匹克历史学家委员会为三位“维凯拉斯成就奖”得主颁奖，以表彰他们在奥林匹克史学领域所取得的成就。

裴东光主要事迹：一是把中国早期奥林匹克运动历史介绍给西方，2002 年在国际奥委会官方杂志《奥林匹克评论》发表了论文《早期奥林匹克在中国》；二是在国际第八届学术大会上应邀作为主讲人，并发表了论文《国际奥委会与中国和台湾奥委会关系问题的研究》；三是在国际奥林匹克论文集中发表了《中国奥林匹克教育的理论与实践》；四是创意地开展了“模拟奥运会”等奥林匹克教育的实践活动，被世界各国借鉴；五是2008年《华尔街时报》刊登了裴东光的题为《学以致用》的专题报道，产生了极大的社会影响，被国际数十家新闻媒体转载，裴东光的母校加拿大西安大略大学为此特发专刊“西安大略大学奥林匹克的光荣”，裴东光被载入该校奥林匹克名人录。

首都体育学院教师裴东光

第31届夏季奥林匹克运动会

——巴西·里约·2016

会　　期：2016年8月5日—8月21日

主办城市：巴西（Brazil）·里约（Rio）

参加国家和地区：207个

参赛运动员：11238人，其中女性5057人

竞赛项目：306项

2009年10月2日，国际奥委会在丹麦哥本哈根举行的会议上确定第31届奥运会在巴西第二大城市里约热内卢（简称里约）举办，里约成为第一个举办夏季奥运会的南美城市。这届奥运会收获了褒贬不一的评价。因赛前爆出了俄罗斯涉嫌包庇本国选手使用兴奋剂的丑闻，国际田联决定对俄罗斯田径协会实施全面禁赛的制裁，俄罗斯田径选手因此无缘本届奥运。此外，由于当时的欧洲难民危机和其他原因，国际奥委会允许运动员以独立身份在奥林匹克旗帜下参赛，最终有两支独立代表队（难民代表团和科威特运动员组成的独立运动员代表团）参赛。最终，共有207个国家和地区的11238名运动员参赛，美国在金牌榜和奖牌榜上均获得榜首（金牌46枚，奖牌121枚），英国和中国分获奖牌榜第二、第三位，东道主巴西在奖牌榜上位居第13名。里约奥运会上，田径、游泳、举重、自行车等项目累计打破了27项世界纪录和91项奥运会纪录。

2016年第31届夏季奥运会奖牌榜

名次	国家或地区	金牌	银牌	铜牌
1	美国	46	37	38
2	英国	27	23	17
3	中国	26	18	26
4	俄罗斯	19	17	20

续表

名次	国家或地区	金牌	银牌	铜牌
5	德国	17	10	15
6	日本	12	8	21
7	法国	10	18	14
8	韩国	9	3	9
9	匈牙利	8	3	4
10	澳大利亚	8	11	10
11	意大利	8	12	8
12	荷兰	8	7	4
13	巴西	7	6	6
14	西班牙	7	4	6
15	肯尼亚	6	6	1
16	牙买加	6	3	2
17	克罗地亚	5	3	2
18	古巴	5	2	4
19	新西兰	4	9	5
20	加拿大	4	3	15
21	乌兹别克斯坦	4	2	7
22	哈萨克斯坦	3	5	10
23	哥伦比亚	3	2	3
24	瑞士	3	2	2
25	伊朗	3	1	4
26	希腊	3	1	2
27	阿根廷	3	1	–
28	丹麦	2	6	7
29	瑞典	2	6	3
30	南非	2	6	2

续表

名次	国家或地区	金牌	银牌	铜牌
31	乌克兰	2	5	4
32	塞尔维亚	2	4	2
33	波兰	2	3	6
34	朝鲜	2	3	2
35	泰国	2	2	2
36	比利时	2	2	2
37	斯洛伐克	2	2	–
38	格鲁吉亚	2	1	4
39	阿塞拜疆	1	7	10
40	白俄罗斯	1	4	4
41	土耳其	1	3	4
42	亚美尼亚	1	3	–
43	捷克	1	2	7
44	埃塞俄比亚	1	2	5
45	斯洛文尼亚	1	2	1
46	印度尼西亚	1	2	–
47	罗马尼亚	1	1	2
48	巴林	1	1	–
49	越南	1	1	–
50	中国台北	1	–	2
51	科特迪瓦	1	–	1
52	巴哈马	1	–	1
53	独立参赛者	1	–	1
54	科索沃	1	–	–
55	波多黎各	1	–	–
56	塔吉克斯坦	1	–	–

续表

名次	国家或地区	金牌	银牌	铜牌
57	斐济	1	–	–
58	新加坡	1	–	–
59	约旦	1	–	–
60	马来西亚	–	4	1
61	墨西哥	–	3	2
62	委内瑞拉	–	2	1
63	爱尔兰	–	2	–
64	阿尔及利亚	–	2	–
65	立陶宛	–	1	3
66	保加利亚	–	1	2
67	印度	–	1	1
68	蒙古	–	1	1
69	布隆迪	–	1	–
70	菲律宾	–	1	–
71	卡塔尔	–	1	–
72	格林纳达	–	1	–
73	尼日尔	–	1	–
74	挪威	–	–	4
75	突尼斯	–	–	3
76	埃及	–	–	3
77	以色列	–	–	2
78	特立尼达和多巴哥	–	–	1
79	摩洛哥	–	–	1
80	尼日利亚	–	–	1

续表

名次	国家或地区	金牌	银牌	铜牌
81	芬兰	–	–	1
82	爱沙尼亚	–	–	1
83	多米尼加	–	–	1
84	奥地利	–	–	1
85	阿联酋	–	–	1
86	葡萄牙	–	–	1

*数据来源于https://olympics.com/en/olympic-games/rio-2016/medals（2021-5-8）

【奥运奖牌】

2016年里约奥运会的奖牌和参与奖章均由里约奥组委的相关设计团队提供构思模型，并由巴西造币公司的设计师进一步设计，由巴西造币公司制造。与往届奥运会不同，本届赛事的奖牌中间厚、周围薄，比赛项目名称被刻在奖牌周围。奖牌设计突出了古希腊象征胜利的月桂叶，奖牌的另一面则遵循奥林匹克传统，刻有希腊胜利女神尼姬（Nike）的图案，而其背后是希腊潘纳辛纳科竞技场和卫城。奖牌制作过程注重天然和可持续性，金牌所用的金在提炼过程中没有使用水银，而银牌和铜牌均使用30%的可循环材料。奖牌挂带则由回收使用的塑料瓶制成。木质奖牌盒子外形像一粒种子，所使用的木材也是相关森林保护机构认证的可循环资源。

【参与奖章】

2016年里约奥运会参与奖章的正面为本届奥运会的会徽图案，背面由奥林匹克五环和文字、图案组成。金属材质。奖章最长直径约为45mm。

【奥运记忆】

★王军霞保持23年的万米纪录被打破

埃塞俄比亚选手阿亚娜，以29分17秒45，创造世界纪录。先前的世界纪录由中国运动员王军霞保持。1993年的全运会，号称“东方神鹿”的王军霞，跑出了29分31秒78的优异成绩，而这一纪录，随后被保持了23年之久。同时万米跑进30分钟，也被认为难上加难。原本以为，王军霞的这一纪录将无人可破。却不料阿亚娜在本届奥运会上横空出世。其实从前1000米来看，阿亚娜速度并不算快，用时3分出头。可随后的9000米，阿亚娜越跑越快，最终以令人瞠目结舌的速度夺冠。这一纪录的打破足见人类在竞技突破上依然潜力无限。

★巴西国家足球队获得大满贯

巴西国家足球队继2014年世界杯负于德国后，于本届奥运会击败德国队勇夺金牌，完成了四大赛事（联合会杯、世界杯、美洲杯、奥运会）的大满贯。

★中国女排再续传奇

在里约奥运会女排决赛中，中国女排3∶1逆转塞尔维亚女排，强势夺冠，这是中国女排在2004年雅典奥运会后，时隔12年再次摘得奥运会金牌，也是第三次夺得奥运冠军。女排姑娘用她们出色的表现诠释着永不过时的“女排精神”。“一个球哪怕你接不住，也要拼尽全力冲过去”，这是老女排留下的遗产；“打一分算一分”“一分一分咬下来”，这是新女排写下的精神。惟其艰难，才更显勇毅；惟其奋斗，才弥足珍贵。曾振奋整个国家的中国女排，再次用一次跌宕起伏的夺冠，振奋了中国人的精神。

【首体院风采】

★首都体育学院竞技体校获
“国家高水平体育后备人才基地”称号

2013年5月，首都体育学院竞技体校被国家体育总局授予“国家高水平体育后备人才基地”称号，并正式挂牌。在全国各级各类体校中开展“国家高水平体育后备人才基地”评选工作，是国家体育总局实施新时期“奥运争光”计划，加速竞技体育后备人才培养的重要举措。该项评定工作自2004年开始，以奥运会为周期，每四年评定一次。首都体育学院竞技体校参加了2008年、2012年的评定活动，均获得“国家高水平体育后备人才基地”称号。

★首都体育学院举行
第17届国际奥林匹克竞技体育与大众体育科学大会

2013年6月2日至6日，第17届国际“奥林匹克竞技体育与大众体育”科学大会在首都体育学院举行，这是历史上该会议第一次在亚洲国家举办。大会共收到16个国家62所高校和研究机构的483人投稿，围绕“奥林匹克竞技体育与大众体育”主题，共同探讨了全民健身与大众体育、大学体育教育、青少年身体运动功能训练与健康、奥林匹克竞技体育和奥林匹克教育发展等方面的问题。大会期间，首都体育学院校长钟秉枢与参会的11位校长及教授就开展国际合作与交流进行了专门会谈，并与其中的乌克兰苏米大学、乌兹别克斯坦国立体育大学、乌克兰国立体育大学等7所参会院校签订合作意向书。

★首都体育学院荣获国家体育总局“第30届奥运会科研攻关与科技服务项目”奖项

2013年8月26日，国家体育总局召开“2012年伦敦奥运会科技工作总结暨备战2016年里约奥运会科技工作座谈会”。会上，首都体育学院体育教育训练学院副院长郑晓鸿获“第30届奥运会科研攻关与科技服务项目贡献二等奖”，教师高斌、潘迎旭获“第30届奥运会科研攻关与科技服务突出贡献个人”奖项。首都体育学院继2009年获得国家体育总局“第29届奥运会科研攻关与科技服务协作单位”称号后，2013年再次获得“第30届奥运会科研攻关与科技服务合作单位”称号。

★首都体育学院与国家体育总局竞技体育司签约

2014年3月12日，首都体育学院与国家体育总局竞技体育司举行合作协议书的签约仪式。为了充分发挥高校资源和人才优势，落实“管办分离”的政府职能转变，在总结和吸收伦敦奥运会备战周期“身体功能训练团队”成功经验基础上，本着进一步推动训练创新，强化奥运备战工作，完善国家队复合型训练管理团队建设为宗旨，双方联合成立“备战2016年里约奥运会国家队身体运动功能训练团队”。双方合作内容主要围绕为国家队备战里约奥运会提供支持、加强对身体功能训练的科学研究、提升教练员执教水平等方面。

★首都体育学院博士人才培养项目《青少年身体运动功能训练》系列展示

2014年9月18日，首都体育学院博士人才培养项目《青少年身体运动功能训练》系列展示（之一）在首都体育学院进行。作为国家体育总局备战里约奥运会身体功能训练团队教练员、国家柔道队体能教练的史衍讲解了对“身体运动功能训练”的理解和认识，同时提出高质量完成身体运动功能训练的项目技术工作模式和构建多项目的身体运动功能训练方案。2013级博士生罗晨，为备战里约奥运会身体功能训练团队国家举重队身体功能训练组负责人，重点讲解了功能性训练模式及物理治疗的方法和解决方案。

★首都体育学院在第18届国际

奥林匹克竞技运动与全民体育科学大会上获得殊荣

在9月30日至10月4日举行的国际体育大学协会年度盛会——第18届国际奥林匹克竞技运动与全民体育科学大会和哈萨克斯坦体育运动与旅游学院建校70周年庆典活动上，哈萨克斯坦体育运动与旅游学院授予首都体育学院院长钟秉枢学校荣誉教授，哈萨克斯坦体育与旅游学院院长向其颁发了证书、荣誉教授袍。

★首都体育学院教师参与奥运科技服务项目

2015年8月，首都体育学院教师李建臣和李厚林分别承担国家体育总局立项的《女子铅球项目备战2016奥运会训练监控的综合科技服务》和《竞走项目备战2016奥运会技战术和体能训练监控的综合科技服务》项目，这两个项目为北京世界田径锦标赛铅球和竞走项目备战训练提供了有效的科技保障，在北京世界田径锦标赛上，两个项目共获得1金3银的成绩。

★北京奥运城市发展促进会副会长

蒋效愚一行来访首都体育学院

2016年3月18日，北京奥运城市发展促进会副会长蒋效愚，副秘书长赵卫等一行来访首都体育学院座谈。党委书记赵文、校长钟秉枢出席座谈会并介绍相关情况。蒋效愚肯定了学校近年来在服务北京奥运会，促进城市发展方面做出的积极贡献，赞同并支持加强奥运举办城市高校间的沟通与合作，希望首都体育学院能够以筹备和举办2022年北京冬奥会为切入点，找准主题和定位，充分利用举办奥运会形成的物质和精神遗产，大力促进北京奥林匹克文化、体育、教育等各项事业发展。

★国家击剑队重点运动员来首都体育学院运动机能评定与

技术分析重点实验室测试

2016年4月29日，国家击剑队备战里约奥运会男子花剑组运动员雷声、马剑飞、陈海威和施嘉洛等在首都体育学院运动机能评定与技术分析重点实验室进行测试。本次测试工作主要在重点实验室的肌肉力量诊断和功能训练实验室、运动生物力学实验室、运动神经科学实验室进行，测试内容主要包括运动员下肢肌群等速肌力和爆发力测试、专项运动技术测试、脑功能状态测试。

★首都体育学院召开里约奥运会备战服务攻关团队见面会

2016 年 8 月 31 日，首都体育学院组织召开了里约奥运会备战服务攻关团队见面会。在本届奥运会上，首都体育学院共有 32 名教师参与奥运身体运动功能训练团队、科技攻关服务、奥运报道团队；2 名教师及 1 名在读博士生赴里约参与执裁和保障服务；1 名校友夺得金牌。首都体育学院专家团队充分发挥了首都体育学院的智库作用，为助力里约奥运辉煌贡献了聪明才智。见面会上，身体运动功能训练团队代表尹军、高萱；科技攻关服务代表李建臣；奥运报道团队代表李林；奥运服务工作代表罗晨分别发言，分享了经验和体会。校长钟秉枢在讲话中充分肯定了学院里约奥运会备战服务攻关团队对奥运会所做的贡献，希望大家能将参与奥运服务的经验、精神转化到今后的教学工作中，带领学生追求超越、追求卓越。书记赵文称赞他们充分体现了敬业精神，是世界级水平的团队。

★首都体育学院“里约奥运教授报道团”圆满完成奥运报道工作

2015 年 12 月 24 日，首都体育学院与搜狐体育举行里约奥运赛事报道合作项目签约仪式。“里约奥运教授报道团”是首都体育学院和搜狐媒体签约的校级合作项目，依托搜狐媒体平台，借力首都体育学院丰富的体育智库和专业资源，在搜狐体育开辟了“2016 里约奥运会搜狐奥运教授报道团”专栏，内容聚焦于奥运项目、奥运人物、奥运赛场和奥运历史等。2016 年 9 月 27 日，首都体育学院召开首都体育学院—搜狐“里约奥运教授报道团”工作总结会。里约奥运会期间，报道团共完成 3 期节目策划、4 期独家视频专访、总计发布稿件 335 篇。其中，奥运会期间发稿 100 篇，日均 6.3 篇。管理与传播学院 17 名学生作为奥运实习生赴搜狐体育参与报道工作。

★残奥冠军进校园活动在首都体育学院举办

2016 年 11 月 30 日，由中国残疾人福利基金会和首都体育学院联合举办的“迎接 2016 年国际残疾人日——为爱筑梦残奥冠军进校园”公益活动在首都体育学院举行。此次公益活动分为“我的冠军路”主题分享会和“迎接2016年国际残疾人日——为爱筑梦残奥冠军进校园”公益晚会两部分。“我的冠军路”主题分享会邀请里约残奥会女子柔道冠军袁艳萍、女子乒乓球冠军薛娟与首都体育学院师生分享冠军之路，讲述残奥运动员的艰难与拼搏，通过自己真实的故事，向大学生传送正能量，传递残奥精神，倡议关注与关爱残疾人朋友。

“迎接2016年国际残疾人日——为爱筑梦残奥冠军进校园”在首都体育学院举行

★首都体育学院代表团参加

第20届国际奥林匹克竞技运动与全民体育科学大会

2016年12月15日，首都体育学院以正式协会成员身份，派出校长钟秉枢为团长的代表团，第六次参加国际体育大学协会的年度盛会——国际奥林匹克竞技运动与全民体育科学大会。会议期间，首都体育学院代表团与与会的其他体育院校之间进行了广泛交流与沟通，与来自运动训练、体育教育、运动医学与康复、体育传媒与管理、全民体育等领域的各国学者商谈了学术方面的合作问题。

★首都体育学院参加2019国际奥林匹克教育论坛

2019年5月5日，2019国际奥林匹克教育论坛在北京冬奥组委举办。本次论坛由北京冬奥组委新闻宣传部主办，论坛主题为“奥林匹克价值观与青少年教育发展”。首都体育学院副校长骆秉全率校奥林匹克教育办公室秘书处工作人员一行参会。

★首都体育学院教授进入备战东京奥运会科技助力专家工作组

2019年6月，首都体育学院教师吴昊入选2020年东京奥运会训练监控专家组，尹军入选体能（康复）训练专家组。这体现了首都体育学院在科技助力东京奥运会方面所做出的努力，大大提升了首都体育学院的声誉，为加快创建国内一流、国际上有一定影响的高等体育院校奠定了坚实基础。